Maria Leondin

Chinesische Astrologie

Der Hahn

Jahresbeginn nach dem chinesischen Mondkalender	Ihr Tierkreis-zeichen	Jahresbeginn nach dem chinesischen Bauernkalender
02. 02. 1927	Hase	05. 02. 1927
23. 01. 1928	Drache	05. 02. 1928
10. 02. 1929	Schlange	04. 02. 1929
30. 01. 1930	Pferd	04. 02. 1930
17. 02. 1931	Ziege	05. 02. 1931
06. 02. 1932	Affe	05. 02. 1932
26. 01. 1933	Hahn	04. 02. 1933
14. 02. 1934	Hund	04. 02. 1934
04. 02. 1935	Schwein	05. 02. 1935
24. 01. 1936	Ratte	05. 02. 1936
11. 02. 1937	Büffel	04. 02. 1937
31. 01. 1938	Tiger	04. 02. 1938
19. 02. 1939	Hase	05. 02. 1939
07. 02. 1940	Drache	05. 02. 1940
27. 01. 1941	Schlange	04. 02. 1941
15. 02. 1942	Pferd	04. 02. 1942
05. 02. 1943	Ziege	05. 02. 1943
25. 01. 1944	Affe	05. 02. 1944
13. 02. 1945	Hahn	04. 02. 1945
02. 02. 1946	Hund	04. 02. 1946
22. 01. 1947	Schwein	04. 02. 1947
10. 02. 1948	Ratte	05. 02. 1948
29. 01. 1949	Büffel	04. 02. 1949
17. 02. 1950	Tiger	04. 02. 1950
06. 02. 1951	Hase	04. 02. 1951
27. 01. 1952	Drache	05. 02. 1952
14. 02. 1953	Schlange	02. 02. 1953
03. 02. 1954	Pferd	04. 02. 1954
24. 01. 1955	Ziege	04. 02. 1955
12. 02. 1956	Affe	05. 02. 1956
31. 01. 1957	Hahn	04. 02. 1957
18. 02. 1958	Hund	04. 02. 1958
08. 02. 1959	Schwein	04. 02. 1959
28. 01. 1960	Ratte	05. 02. 1960

Fortsetzung am Ende dieses Bandes.

Maria Leondin

Chinesische Astrologie

Der Hahn

22.	1.	1909	bis	9.	2.	1910
8.	2.	1921	bis	27.	1.	1922
26.	1.	1933	bis	13.	2.	1934
13.	2.	1945	bis	1.	2.	1946
31.	1.	1957	bis	17.	2.	1958
17.	2.	1969	bis	5.	2.	1970
5.	2.	1981	bis	24.	1.	1982
23.	1.	1993	bis	9.	2.	1994
9.	2.	2005	bis	28.	1.	2006

tosa

Satz und Layout: www.textwerkstatt.at
Grafiken: Lukas Kaspar und Ulrike Müller-Kaspar
Cover: Joseph Koó
Druck: Druckerei Theiss GmbH, St. Stefan im Lavanttal

www.tosa-verlag. com

Inhalt

Vorwort

Wenn Sie sich für dieses Buch interessieren, dann sind Sie wahrscheinlich selbst in einem Jahr des Hahns geboren worden, oder Sie kennen jemanden, der Ihnen besonders wichtig ist und der seinen Geburtstag in einem solchen Jahr feiert. Dabei handelt es sich vielleicht um Ihren derzeitigen Partner oder um einen Menschen, mit dem Sie in einer engeren Beziehung leben würden. Vielleicht geht es um Ihr Kind, um eine liebe Freundin oder um den Chef oder die Chefin.

Selbst wenn Sie sonst kein Freund davon sind, Menschen in Kategorien einzuteilen, sie „in Schubladen" zu packen, werden Sie feststellen, welche faszinierenden Parallelen sich bei Menschen finden lassen, die im gleichen Jahr geboren wurden. Und wenn Sie sich im Freundes- und Bekanntenkreis umsehen, ein wenig Ahnenforschung betreiben und die Kinder in Ihrer Umgebung beobachten, werden Sie wahrscheinlich bemerken, dass sich bestimmte Eigenarten in regelmäßigen Zyklen wiederholen.

In diesem Buch finden Sie einerseits eine kompakte, gut verständliche Einführung in die chinesische Astrologie und die Erklärung kultureller Aspekte, die damit im Zusammenhang stehen.

Doch vor allem geht es hier ganz speziell um die Hahn-Geborenen. Sie werden faszinierende Einblicke in die grundsätzlichen Charakterzüge dieser Menschen erhalten. Sie werden aber auch erkennen, dass es unter den Hähnen sehr unterschiedliche Typen gibt, die sich wiederum aus den speziellen Konstellationen des chinesischen Tierkreises erklären lassen. Sie werden viel über die speziellen Stärken und Schwächen der Hähne erfahren und Tipps bekommen, wie Sie mit ihnen am besten umgehen, um unnötige Spannungen und Streitereien zu vermeiden. Sie werden auf besonders günstige, aber auch auf besonders herausfordernde Kombinationen der astrologischen Zeichen hingewiesen und lernen stärkende und schwächende Paarbeziehungen kennen.

Ganz egal, ob Sie mehr über sich selbst erfahren wollen oder über einen Ihnen nahe stehenden Menschen, in diesem Buch werden Sie eine ganze Reihe von Aha-Erlebnissen finden. Viel Spaß beim Lesen!

Chinesische Astrologie

Die meisten Menschen können auf Anhieb sagen, in welchen europäischen Tierkreiszeichen sie geboren wurden. Ob man Widder, Stier, Zwilling oder Krebs ist, gehört neben dem Wetter und der Frage nach dem Beruf zu den beliebtesten Party-Themen. So mancher Flirt bekommt erst dann eine echte Chance, wenn man auf die Frage, „Löwe?", „Jungfrau?", „Waage?" oder „Skorpion?" an der „richtigen" Stelle nickt. Es soll sogar Chefs geben, die bei einer Bewerbung kurz darüber nachdenken, wie das Tierkreiszeichen eines Bewerbers mit ihrem eigenen harmoniert. Und das Horoskop ist in der Tageszeitung eine der meistgelesenen Seiten, auch wenn viele Leser das nicht gerne zugeben.

Mit seriöser Astrologie haben Kurzhoroskope und Partygespräche nicht viel zu tun. Es handelt sich vielmehr über verkürzte Zuschreibungen, die an den grundlegenden Erkenntnissen aus jahrtausendelangen Beobachtungen des Himmels vorbeigehen. Denn dabei geht es vielmehr um Erkenntnisse, dass bestimmte Charaktereigenschaften, aber auch ganz bestimmte Ereignisse in Perioden immer wieder auftreten, und zwar parallel zum Stand der Planeten am Himmel. In unserer europäischen Tradition sind dies die zwölf Tierkreiszeichen, die im Monatsrhythmus das Jahr in zwölf Abschnitte teilen.

Ähnliche Beobachtungen wurden seit Menschengedenken auch in anderen Kulturen gemacht. So teilten die Ureinwohner Amerikas das Jahr in zwölf Monde, denen sie bestimmte

Eigenschaften zuordneten. Die Aborigines Australiens teilten das Leben in die Qualitäten von sieben aufeinanderfolgenden Tagen.

In den vergangenen Jahren hat aber vor allem ein System bei uns Beachtung gefunden, das aus dem Fernen Osten zu uns kommt: das chinesische Horoskop. Es besteht aus der Abfolge von zwölf Tieren, die jeweils ein Jahr regieren und denen bestimmte Eigenschaften zugeordnet sind. Konkret besteht der chinesische Tierkreis aus Ratte (Zi), Büffel (Chou), Tiger (Yin), Hase (Mao), Drache (Chen), Schlange (Si), Pferd (Wu), Ziege (Wei), Affe (Shen), Hahn (You), Hund (Xu) und Schwein (Hai).

Der Wechsel dieser tierischen Jahresregenten führt uns jedoch direkt in die Tücken des chinesischen Horoskops. Die Chinesen verwenden nämlich traditionell ein für unser Verständnis sehr kompliziertes System von Kalendern.

Unseren gregorianischen Kalender haben sie zum 1. Januar 1929 im Prinzip nur eingeführt, um im internationalen Verkehr verbindliche Termine vereinbaren zu können.

Vom alten chinesischen (Mond-)Kalender leitet sich das chinesische Neujahrsfest ab, bei dem der neue Jahresregent mit festlichen Umzügen und Feierlichkeiten in den Familien begrüßt wird. Dieser Jahreswechsel findet stets bei Neumond zwischen dem 20. Januar und dem 19. Februar statt, oder, genauer ausgedrückt, das chinesische Jahr beginnt mit dem zweiten, manchmal auch mit dem dritten Neumond nach der Wintersommerwende. Das Neujahrsfest auf den Neu-

mond zu legen, hatte früher einen ganz praktischen Aspekt. In China sind die Entfernungen ebenso groß wie die Traditionen. Zum Neujahrsfest fuhr und fährt jeder nach Hause zu seiner Familie, um mit ihr den neuen Jahresregenten zu begrüßen und die Ahnen zu ehren. Allein die Anreise dauerte oft mehrere Tage. Wer den Mond vor Augen hatte, wusste, wann er losfahren musste, um rechtzeitig anzukommen. Im Internet gibt es eigene Homepages wie jene des Hong Kong Observatory, die Umrechnungstabellen für diese beiden Kalendersysteme zur Verfügung stellen.

Für astrologische Zwecke wird dagegen der chinesische Bauernkalender verwendet, der sich stärker am Sonnenstand orientiert. Der Frühlingsanfang und damit der Jahresbeginn im chinesischen Bauernkalender liegt meistens auf dem 4., manchmal auch auf dem 5. Februar.

Da das chinesische Neujahrsfest in den Medien eine viel stärkere Präsenz erfährt als der Frühlingsanfang, der „nur" für Millionen chinesischer Bauern und einige Astrologen von Bedeutung ist, ziehen viele Menschen dieses als maßgeblich für den Anfang des chinesischen Jahres heran. Für astrologische Zwecke ist das jedoch nicht ausreichend, wie wir noch sehen werden.

In der Tabelle 5 ab Seite 38 finden Sie beides: den vom Hong Kong Observatory seit 1901 für den chinesischen Jahresbeginn errechneten Neujahrstermin und daneben eine Spalte mit dem Termin des Frühlingsanfangs in allen Jahren von 1901 bis 2010.

Wenn Sie also wissen wollen, welches Tierkreiszeichen Sie genau sind, dann müssen Sie nicht mehr den chinesischen Gastwirt an der nächsten Ecke fragen, sondern können einfach in der Liste ab Seite 38 dieses Buches nachsehen.

Drei Zyklen

Grundsätzlich bemüht sich die chinesische Astrologie – so wie alle Horoskopsysteme der Menschheit – um das Erkennen allgemeingültiger, wiederkehrender Muster in natürlichen Abläufen, die im menschlichen Leben ihre Entsprechungen finden. Doch während die alten babylonischen und griechischen Astrologen die Planeten als mythische, himmlische Wesen betrachteten, beobachteten und aus ihrer Bewegung und deren Beziehung zu Ereignissen auf der Erde menschliche Schicksale und dann auch Grundtypen ableiteten, versuchten die chinesischen Astrologen, langfristige Rhythmen von Mond, Sonne und Natur zu erkennen, Parallelen zu den Mustern und Ereignissen des menschlichen Lebens zu entdecken und daraus mögliche Entwicklungen abzuleiten.

Die chinesische Astrologie basiert auf drei sich überlagernden Zyklen: Erstens dem Zyklus der zwölf Erdzweige (Di Zhi), die in Gestalt der bei uns bekannten zwölf Tiere dargestellt werden, zweitens dem Zyklus der fünf Elemente und drittens dem Zyklus der zehn himmlischen Stämme (Tian Gan). Die Abschnitte des ersten und des dritten Zyklus dauern jeweils ein Jahr, die des zweiten zwei Jahre.

Die zwölf Erdzweige

Der Sage nach lud der sterbende Buddha die Tiere ein, um sich von ihnen zu verabschieden (in einer anderen Version ging es um ein Neujahrsfest). Als Erstes kam die Ratte, die sich im Fell des Büffels versteckt hatte und im letzten Moment heraussprang, um vor ihm am Ziel zu sein. Zuvor hatte sie noch die Katze getäuscht, sodass diese den Besuch beim Erleuchteten verpasste und aus Rache bis heute Ratten und Mäuse frisst.

Nach der Ratte und dem Büffel erschienen der Tiger, der Hase, der Drache, die Schlange, das Pferd, die Ziege, der Affe, der Hahn, der Hund – und als Letztes das Schwein. Als Dank für ihre Treue erhob Buddha die zwölf in der Reihenfolge ihres Eintreffens jeweils zu Regenten eines Jahres. Seither folgen sie in der immer gleichen Reihenfolge aufeinander.

Jedes Tier verleiht „seinem" Jahr und auch den in diesem Jahr geborenen Menschen grundlegende Eigenschaften. So sorgt die Ratte für Angriffslust, der Büffel für Sanftmut, der Tiger für Verwegenheit, der Hase für Diplomatie, der Drache für geistige Wendigkeit, die Schlange für Gerissenheit, das Pferd für Ungeduld, die Ziege für Artigkeit, der Affe für Unbeständigkeit, der Hahn für Stolz, der Hund für Treue und das Schwein für Ehrlichkeit.

Natürlich heißt das nicht, dass alle Menschen, die im selben Jahr geboren sind, genau den gleichen Charakter besitzen – doch gibt es erstaunlich viele Gemeinsamkeiten. Lehrer machen oft diese Erfahrung: In jedem Jahrgang gibt es ganz spezielle Themen, ganz spezifische Herausforderungen. In einem Jahr sind die Schuleinsteiger auffallend schlampig, im Jahr darauf glänzen sie durch besonderen Fleiß, wieder ein Jahr später herrscht im ersten Jahrgang Gleichgültigkeit und Desinteresse. Und dennoch käme kein Lehrer auf die Idee zu sagen, alle Schüler der Klasse seien gleich.

Das chinesische Horoskop bietet für dieses Phänomen eine Erklärung an. Wie sich die grundsätzlichen Charakterzüge, die durch den Jahresregenten festgelegt werden, konkret im Leben äußern, in welche Richtung sie führen und ob sie fruchtbar oder zerstörerisch für den jeweiligen Menschen und seine Umgebung wirken, dafür sind die beiden anderen Zyklen zuständig. Und dadurch ergeben sich auch große Unterschiede zwischen den jeweiligen Vertretern der einzelnen Tierkreiszeichen.

Die fünf Elemente

Der Zyklus der fünf Elemente entsteht durch eine Zuordnung der fünf den Chinesen vor mehr als 4000 Jahren bekannten Planeten Merkur, Venus, Mars, Jupiter und Saturn zu den fünf Elementen Wasser, Metall, Feuer, Holz und Erde. So heißt der Merkur auch Wasserstern, die Venus Metallstern, der Mars Feuerstern, der Jupiter Holzstern und der Saturn Erdstern. Wasser steht für Ruhe, Metall für Struktur und dessen Vergänglichkeit, Feuer für Aktivität und Verwandlung, Holz für Leben und Wachstum, Erde für Beständigkeit. Da die Abschnitte dieses Zyklus jeweils zwei Jahre dauern, teilen sich immer zwei aufeinanderfolgende Vertreter des Tierkreises ein Element, beispielsweise teilt sich der Hund, Regent des Jahres 2006, mit dem folgenden Regenten des Jahres 2007, dem Schwein, das Element Feuer und damit die Qualitäten von Aktivität und Verwandlung.

Die zehn Himmelsstämme

Um uns Europäer zu überfordern, kommt noch ein Zyklus ins Spiel, der tief im Taoismus verwurzelt ist. Diese Lehre der Polarität betrachtet alles auf dieser Welt als zwei Teile eines

Ganzen, als ständige Ebbe und Flut zwischen den Prinzipien des Männlichen und des Weiblichen, zwischen Yin und Yang. Diese beiden grundlegenden Kräfte werden durch Sonne und Mond dargestellt.

Kombiniert man den zweijährigen Rhythmus der fünf Elemente mit diesem jährlichen Wechsel zwischen Yin und Yang, so ergeben sich die zehn Himmelsstämme, innerhalb derer die fünf Elemente ein polares Wechselspiel der Wirkungen entfalten. Einmal üben sie einen schöpferischen, im Jahr darauf einen störenden Einfluss aus. So wie das Wasser notwendig ist, um den Samen in der Erde keimen und wachsen zu lassen, es aber auch durch Überschwemmungen alles Fruchtbare zerstören kann. Oder so wie das Feuer wärmt, schützt und die Zubereitung von Nahrung erlaubt, es aber auch Schaden anrichten kann. Außer Kontrolle geraten, vernichtet es alles, was sich ihm in den Weg stellt.

Tabelle 1: Die zehn Himmelsstämme

Himmelsstamm	Element	Yin/Yang
Jia	Holz	Yang
Yi		Yin
Bing	Feuer	Yang
Ding		Yin
Wu	Erde	Yang
Ji		Yin
Geng	Metall	Yang
Xin		Yin
Ren	Wasser	Yang
Gui		Yin

Um es noch einmal zusammenzufassen: Wir haben zwölf Erdzweige oder Tierzeichen, die im Einfluss von fünf Elementen stehen, die wiederum jeweils in zwei verschiedenen

Ausprägungen als 10 Himmelsstämme auftreten können. Theoretisch ergäben sich damit insgesamt 120 unterschiedliche Kombinationen. Da die Erdzweige selbst aber nur in einer Ausprägung auftreten oder, anders ausgedrückt, da jedes Tierzeichen entweder Yin oder Yang ist, sind es tatsächlich nur 60 Kombinationsmöglichkeiten.

Der 60-Jahre-Zyklus

Der astrologische Kalender der Chinesen geht also von 60er-Zyklen aus, da 60 die erste Zahl ist, die durch 10 und 12 teilbar ist. Eine Jahresbezeichnung setzt sich daher immer aus zwei Schriftzeichen zusammen: dem Zeichen für den Himmelsstamm (der sich aus dem Element in Verbindung mit Yin oder Yang ergibt) und dem Erdzweig, dem Zeichen für den tierischen Jahresregenten. Als Folge davon werden nur alle 60 Jahre Wasser-Büffel oder Feuer-Drachen geboren.

Dieser 60er-Zyklus kann übrigens auch mit den Planeten in Verbindung gebracht werden: Jupiter benötigt etwa zwölf Jahre für einen vollen Umlauf, Mars etwa 15 Jahre, Saturn etwa 30 Jahre und Merkur etwa zehn Jahre; das kleinste gemeinsame Vielfache dieser Zahlen ist 60 und 60 ist 5 x 12.

Schließlich spiegelt sich dieser Rhythmus auch im menschlichen Leben wider. 60 Jahre dauerte Jahrtausende hindurch das durchschnittliche menschliche Leben, 30 Jahre war die Spanne einer Generation. Dass wir heutzutage in aller Regel einige Jahre länger leben, sollten wir als das betrachten, was es ist: ein Geschenk, das wir schon aus reiner Dankbarkeit in unsere persönliche Entwicklung und damit auch in die Entwicklung dieser Welt investieren sollten.

Monatsherrscher und Stundenregenten

Zusätzlich zu den beschriebenen Jahreszyklen gibt es einen Rhythmus, in dem die Tiere der zwölf Erdzweige die Monate des Jahres und selbst die Stunden des Tages regieren. Der Monatsregent färbt die Ausrichtung des Willens und die Lebensaufgabe der Menschen. Der Regent der Geburtsstunde schließlich prägt die Ausrichtung der Gefühle.

Die chinesische Astrologie liefert also – stark vereinfacht ausgedrückt – ein Zeitraster, innerhalb dessen die Einflüsse der verschiedenen Elemente und Tiere aufgeführt sind. Daraus ergeben sich für zweistündige Zeiträume unterschiedliche Konstellationen, die sich nur alle 60 Jahre in genau dieser Form wiederholen. Anders als unsere Vorstellung vom linearen Zeitverlauf ist dieses Raster ein Anhaltspunkt, um Zeitpunkte an ihren Platz in einem immerwährenden Zyklus einordnen zu können.

Praktische Anwendung

Durch genaue Beobachtungen und Berechnungen kommen die Chinesen zu sehr differenzierten Aussagen über das Zusammenwirken immerwährender Zyklen und ziehen daraus seit mehr als vier Jahrtausenden ihre Konsequenzen für ihr Leben, ihre Partnerwahl, aber auch für geschäftliche Vorhaben und die Politik.

Ähnlich wie in der europäischen Astrologie dient aber auch das chinesische Horoskop zunächst ganz wesentlich der Selbsterkenntnis. Nur wer die eigenen Charaktereigenschaften, die in der Persönlichkeit verborgenen Stärken und Potenziale kennt und den eigenen Weg gefunden hat, ist in der Lage, im Einklang mit seinen Entwicklungsmöglichkeiten den natürlichen Rhythmen der Natur zu folgen. Doch über diese rein persönliche Ebene der Selbsterkenntnis hinaus wird dem Horoskop immer auch eine praktisch anwendbare Bedeutung zugewiesen.

Einfluss auf das tägliche Leben

Der Einfluss des gerade aktuellen Regenten wirkt sich nach chinesischer Überzeugung auch auf das tägliche Leben des einzelnen Menschen aus. In manchen Jahren gelingen ihm schwierige Dinge wie von selbst, in anderen scheint alles wie verhext zu sein. Hier spiegelt sich genau das gleiche harmonische oder problematische Verhältnis der Tierkreiszeichen zueinander, das auch bei Partnerbeziehungen oder im Verhältnis zwischen Eltern und Kindern zum Tragen kommt.

Wenn es nun zum Beispiel von der Schlange heißt, dass für sie Jahre, die vom Schwein regiert werden, problematisch sind, dann lohnt es sich durchaus, einmal nachzurechnen, wie alt eine Schlange denn in Jahren des Schweins jeweils ist: 6, 18, 30, 42, 54 und 66 Jahre ... Schulbeginn, Berufswahl und Volljährigkeit, Heirat und Kinder, Midlife-Crisis, Wechseljahre und Pensionsschock, genau dies sind die schwierigen Phasen in der Entwicklung eines Menschen, genau dies sind die Themen der meisten psychologischen Ratgeber. Wenig verwunderlich: Beim Tiger ist es das Jahr des Affen, in dem er Probleme bekommen könnte, bei der Ratte das Jahr des Pferdes, beim Büffel das Jahr der Ziege – es ist also stets das im Tierkreis genau gegenüberliegende Jahr. Jeder Mensch hat demnach im Alter von 6, 18, 30, 42, 54 und 66 Jahren gewisse Schwierigkeiten zu überwinden.

Jahre, die dagegen vom eigenen Zeichen regiert werden, sind in aller Regel besonders erfolgreiche Jahre, in denen den

Menschen die Dinge glatt von der Hand gehen. Bestärkt von jenen Energien, die ihnen selbst mit in die Wiege gelegt wurden, unterstützt sie der Jahresregent im 12., 24., 36., 48. und 60. Lebensjahr ganz besonders. Die Krisen der Veränderung sind bewältigt, ein 12er-Zyklus geht der Vollendung entgegen, das Leben läuft in seinen ruhigen Bahnen.

Die nahe liegende Frage, ob die Erkenntnis dieser Gesetzmäßigkeit oder das System des chinesischen Tierkreises zuerst vorlag, dürfte aber vom Typus des Henne-Ei-Problems sein.

Bis heute befragen traditionell lebende Chinesen ihr persönliches Horoskop, bevor sie den besten Zeitpunkt und die günstigsten Partner für wesentliche Entscheidungen treffen. Das gilt besonders für die Wahl des Ehepartners, den Termin der Hochzeit und den voraussichtlichen Geburtstermin erwünschter Kinder. Aber auch vor Reisen, Firmengründungen oder wichtigen Geschäftsabschlüssen wird das Horoskop befragt. Bis heute wählen zum Beispiel chinesische Kaufleute außerhalb des kommunistischen Machtbereichs den geeigneten Zeitpunkt für bestimmte Unternehmungen anhand der Traditionen und Erkenntnisse der chinesischen Astrologie.

Wenn man sich einmal auf dieses System einlässt, ist es durchaus sinnvoll: Für eine Mission, die besondere Diplomatie und Fingerspitzengefühl erfordert, wird man möglichst nicht einen Zeitpunkt wählen, der unter starkem Einfluss von Hahn, Schwein oder Tiger steht – unter dem Einfluss der Diplomatie des Hasen wird dieser Sache möglicherweise größerer Erfolg beschieden sein. Eine Angelegenheit wiederum, die rasche Entscheidungen, bestimmtes Auftreten und rigoroses Durchgreifen verlangt, wird unter dem Einfluss von Büffel, Hase und Ziege wohl kaum erfolgreich abgewickelt werden, während Ratte, Tiger oder Drache ihr möglicherweise die gewünschte Richtung verleihen können.

Die Partnerwahl

Die Wahl des richtigen Partners gehört zu den bekanntesten und für das Leben vielleicht sogar wichtigsten Einsatzgebieten der chinesischen Astrologie. Aber auch hier sind einige Besonderheiten zu beachten, die den Umgang mit dem chinesischen Horoskop deutlich von dem mit dem europäischen unterscheidet.

Zunächst ist es einmal wichtig zu verstehen, dass der chinesischen Astrologie ein zyklisches Entwicklungsverständnis zugrunde liegt, der europäischen ein lineares. Das macht die Deutung einer europäischen Horoskopkonstellation deutlich einfacher, wenngleich auch dort viele Ammenmärchen kursieren und seriöse Aussagen eigentlich nur nach eingehender Analyse getroffen werden können. Beschränken wir uns an dieser Stelle auf die gängigen Zuschreibungen der europäischen Vertreter des Tierkreises und ihre Beziehung zueinander und sehen uns dies einmal etwas näher an:

Auch im europäischen Horoskop gibt es Elemente, nämlich Feuer, Erde, Luft und Wasser. Die drei Tierkreiszeichen, die sich ein Element teilen, gelten als gelungene Paarung, außerdem schreibt man den Vertretern von Feuer und Luft beziehungsweise von Wasser und Erde noch gute Aussichten auf ein erfolgreiches Miteinander zu. Kombinationen aus Feuer und Wasser oder aus Erde und Luft gelten dagegen als problematisch. Trifft beispielsweise ein häuslicher, gefühls- und beziehungsbetonter Krebs auf einen extrovertierten, egozentrischen Löwen, so gibt man dieser Partnerschaft in aller Regel keine besonders guten Chancen. Zwar leidet der Krebs unter seinem feurigen Partner auf eine andere Weise als der in sich selbst verliebte Löwe. Aber es leiden beide und insgesamt, so sagt man, hält sich das gegenseitige Unglück so ziemlich die Waage.

Die Chinesen sehen die Sache dagegen deutlich komplexer. Auch sie sind überzeugt, dass die einzelnen Tierkreiszeichen mit anderen mehr oder weniger große Schwierigkeiten haben. Da sie jedoch Teil eines zwölfteiligen Zyklus sind und nicht in einer linearen Eins-zu-eins-Beziehung stehen, kann es bei ihnen durchaus vorkommen, dass der eine von seinem Partner genährt und unterstützt wird und daher völlig glücklich und zufrieden mit dieser Beziehung ist, während der andere zu kurz kommt und leidet.

Trifft beispielsweise ein Pferd auf einen Hasen, geht es ihm in dieser Beziehung extrem schlecht. Der Hase fühlt sich dagegen seinerseits mit dem Pferd recht wohl. Ob die Beziehung Bestand hat, hängt von den weiteren Rahmenbedingungen ab, man kann sie allerdings nie eindeutig positiv oder negativ bewerten, weil es auf den Standpunkt ankommt.

Ein weitgehendes „Gleichgewicht des Schreckens" oder auch eines des Glücks wie im europäischen Horoskop stellt sich bei den Chinesen nur selten ein, etwa wenn Drache und Affe aufeinanderstoßen. Noch nicht einmal, wenn sich zwei gleiche Vertreter eines Tierkreiszeichens zusammentun, muss das gut gehen. Beim Hasen oder beim Drachen geht es sehr gut, beim Hahn mündet es dagegen in der Katastrophe; wenngleich in einer für beide – falls das für irgendjemanden ein Trost sein sollte ...

Als Übersicht des grundsätzlichen Verhältnisses zueinander mag die folgende Tabelle dienen, mit der wir gute Erfahrungen gemacht haben (siehe Seite 26/27). In der linken Spalte steht der Partner, aus dessen Perspektive die Beziehung betrachtet wird, in der obersten Zeile sein Partner. Genaueres zu den Qualitäten der einzelnen Partnerschaftskombinationen aus dem Blickwinkel des Hahns, um den es ja in diesem Buch schwerpunktmäßig geht, finden Sie im Kapitel „Der Hahn und die Liebe".

Tabelle 2: Qualität von Beziehungen im chinesischen Tierkreis

	Ratte	Büffel	Tiger	Hase	Drache	Schlange
Ratte	+	+ –	–	+ –	+ +	+ –
Büffel	+ –	+	–	+	–	+ –
Tiger	–	– –	+ –	+ +	–	+ –
Hase	–	+ –	–	+ +	+ +	–
Drache	+ –	–	+ –	+	+ +	+
Schlange	+	– –	+ +	+	+ +	–
Pferd	+ –	+ –	+ +	– –	+ +	+
Ziege	– –	+ –	–	+	+	+
Affe	+ –	– –	+ +	+	+ +	+
Hahn	+ +	–	+ –	–	+	+ –
Hund	+	+ –	+	+ +	+	– –
Schwein	+	+ +	+ –	+	–	+ –

Legende: + + = sehr gut, + = gut, + – = neutral, – = eher schlecht, – – = nun ja …

Ähnlich wie im europäischen Horoskop gibt es auch bei den Chinesen keine „guten" oder „schlechten" Tierkreiszeichen, sondern nur solche mit verschiedenen Eigenschaften, die mit unterschiedlichen Lebensaufgaben eben auch unterschiedlich gut umgehen können. In Bezug auf Partnerschaft ist es allerdings auffallend, dass die Chancen bei bestimmten Tieren deutlich besser stehen als bei anderen, dass sie ihre Partner fördern, andere hingegen für viele Partner eher eine Herausforderung darstellen. So haben Hähne auf überdurchschnittlich viele potenzielle Partner eine negative Wirkung, Drachen können sich dagegen für sehr viele Tierkreisvertreter als das große Los entpuppen.

Wohlgemerkt sprechen wir von den Chancen auf Förderung, denn wie jedes andere Horoskopsystem auch berechnet das chinesische nur die Chance auf Harmonie und Glück. Was der Einzelne dann aus seiner tatsächlich gelebten Bezie-

Pferd	Ziege	Affe	Hahn	Hund	Schwein	
–	+	+ +	–	+	+ +	Ratte
+ –	+	+ –	+	+ +	+	Büffel
+	+	+	–	+	–	Tiger
+	+ –	+	– –	+	+	Hase
+	–	+ +	+ –	–	+ –	Drache
+	– –	+	+ –	–	+ –	Schlange
+ +	+ –	+ –	+ –	+	+	Pferd
+	+ –	+	+	+ –	–	Ziege
+ –	– –	+	+ +	+ –	+ –	Affe
+	–	+ +	– –	+	– –	Hahn
+	+ –	+	+	+	+ –	Hund
+	–	+	– –	+ –	+ –	Schwein

hung macht, ob er glücklich oder unglücklich, in Harmonie oder im ewigen Streit lebt, bleibt jedem Menschen selbst überlassen.

Der Einfluss der Elemente

Auch bei der Partnerwahl nach den Prinzipien des chinesischen Horoskops steckt die Tücke im Detail. Die Chinesen geben sich bei der Bestimmung Erfolg versprechender Verbindungen nämlich nicht allein mit dem Tierkreis oder „Erdzweig“ zufrieden, sondern berücksichtigen auch die Auswirkungen der zehn Himmelsstämme. Daher spielen auch die fünf Elemente sowie die Verteilung von Yin und Yang eine wichtige Rolle.

Dabei gilt generell: Yang-Energie verstärkt gewisse Eigenschaften, wirkt aber im Großen und Ganzen aufbauend und nährend, Yin-Energie schwächt dagegen vieles und führt zu Rückzug, Erschöpfung und Verbrauch. In einer Partnerschaft, so sagt man, sollten Yin und Yang gleichmäßig vertreten sein.

Die Elemente müssen dem chinesischen Verständnis zufolge in einer bestimmten Reihenfolge aufeinandertreffen, um sich

Der Kreislauf der fruchtbaren (außen) und der schwächenden (innen) Beziehungen zwischen den Elementen

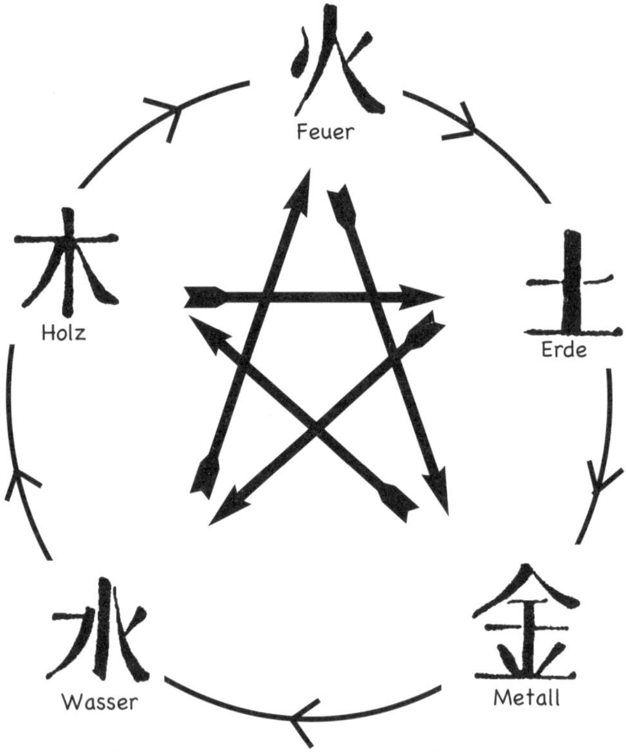

zu stärken und aufeinander aufzubauen. Wobei eine Umkehrung dieser Reihenfolge wiederum negative Auswirkungen auf die Beziehung haben kann, wodurch wiederum ein Ungleichgewicht zwischen dem Empfinden der Partner entsteht.

Die Chinesen unterscheiden vier unterschiedliche Beziehungssysteme zwischen den Elementen, die ganz leicht nachvollziehbar sind, wenn man sich die Auswirkungen der Elemente im täglichen Leben vorstellt:

- Die fruchtbare Beziehung: Holz nährt Feuer, Feuer nährt Erde, Erde nährt Metall, Metall nährt Wasser und Wasser nährt Holz.
- Die kontrollierende Beziehung: Holz kontrolliert Erde, Erde kontrolliert Wasser, Wasser kontrolliert Feuer, Feuer kontrolliert Metall und Metall kontrolliert Holz.
- Die schwächende Beziehung: Feuer verdampft Wasser, Wasser weicht Erde auf, Erde erstickt Holz, Holz macht Metall stumpf und Metall nimmt Feuer auf.
- Die erschöpfende Beziehung: Feuer verbrennt Holz, Holz saugt Wasser auf, Wasser lässt Metall verrosten, Metall raubt der Erde Mineralien und Erde erstickt Feuer.

Daraus ergibt sich die Tabelle auf Seite 30 für das Verhältnis der Elemente zueinander, in der wiederum das Element, aus dessen Sicht die Beziehung betrachtet wird, in der Spalte links außen zu finden ist.

Anders als bei den Europäern sind bei den Chinesen die Tierkreiszeichen nicht fix einem Element zugeordnet. Daher muss zur Beurteilung einer Partnerschaft auch das jeweilige Element und der Umstand berücksichtigt werden, ob es sich um ein Yin- oder ein Yang-Jahr handelt.

Nehmen wir beispielsweise die Partnerschaft zwischen einem Tiger und einem Büffel. Berücksichtigt man nur die Tiere der Erdzweige, dann ist diese Beziehung aus Sicht des Tigers eine reine Katastrophe und aus Sicht des Büffels ist es noch

Tabelle 3: Beeinflussung der Elemente untereinander

	Holz	Feuer	Erde	Metall	Wasser
Holz	+ –	– –	–	+	++
Feuer	++	+ –	– –	–	+
Erde	+	++	+ –	– –	–
Metall	–	+	++	+ –	– –
Wasser	– –	–	+	++	+ –

Legende:
+ + = sehr gut, + = gut, + – = neutral, – = eher schlecht, – – = schwierig

immer schlimm genug. Nehmen wir ferner an, dass die beiden 1961 und 1962 geboren wurden. Es handelt sich also um einen Metall-Büffel und einen Wasser-Tiger, wobei der Wasser-Tiger in dem dominanten Yang-Jahr geboren wurde, während der Büffel 1961 natürlich in einem Yin-Jahr zur Welt kam. Zunächst bedeutet dies, dass der Büffel der tendenziell der Beziehung dienende Teil dieses Paares ist, der Tiger der dominantere, fordernde, aber auch der gestaltende. Das passt ganz gut zur Gutmütigkeit des Büffels und zur Verwegenheit des Tigers, birgt aber auch Gefahren.

Nun wird Wasser in idealer Weise von Metall genährt, weshalb die Beziehungsbilanz für den Tiger gar nicht so schlecht ausfällt, wie beim Blick auf Tabelle 2 ursprünglich angenommen. Für den Büffel kann diese Konstellation allerdings zu einer seine letzten Kräfte raubenden Angelegenheit werden, in der er am Ende erschöpft auf der Strecke bleibt und dabei nicht so recht weiß, was mit seinen riesigen Energiereserven eigentlich passiert ist. Sie sind sozusagen im Wasser verrostet und nach und nach ist seine Struktur in sich zusammengebrochen.

Sehen wir uns ein zweites Beispiel an, nämlich das Verhältnis zwischen einem 1932 geborenen Wasser-Affen und einer 1936 geborenen Feuer-Ratte. Die Ratte, so scheint es nach einem

Blick auf Tabelle 2, hat mit dieser Beziehung das große Los gezogen, der Affe hingegen kann nur mit einer durchschnittlichen Beziehung ohne große Höhen, aber auch ohne große Tiefen rechnen. Beide Partner sind in Yang-Jahren geboren, haben also tendenziell eher das Bedürfnis zu gestalten und zu bestimmen, dienen will keiner von den beiden so recht. Das wird diese Beziehung schwierig machen. Zumal die Ratte mit ihrem Feuer dem Affen permanent das Gefühl gibt, ihn zu schwächen. Aus seiner Sicht sieht die Beziehung also tatsächlich nicht sonderlich attraktiv aus.

Aber wie geht es der Ratte? Lebt wenigstens sie im siebten Liebeshimmel? Auch nicht, denn sie wird das Gefühl haben, von ihrem Partner eingeschränkt und kontrolliert zu werden. Unter dem Strich ist es für sie in dieser Beziehung dennoch deutlich angenehmer als für ihn.

Bevor Sie sich nun hinsetzen und dieses Wirkungsgeflecht in Bezug auf sich und Ihre Liebsten ansehen, sollten Sie allerdings zunächst herausfinden, im Einflussbereich welcher chinesischer Tierkreiszeichen Sie geboren sind und welche Eigenschaften mit den Tieren der zwölf Erdzweige und den Elementen der zehn Himmelsstämme verbunden sind. All dies erfahren Sie im folgenden Kapitel.

Chinesische Kalender

Langsam nähern wir uns der Frage, welches chinesische Tierkreiszeichen wann herrscht. Um diese Frage allerdings genau beantworten zu können, müssen wir uns einer weiteren Herausforderung stellen: den chinesischen Kalendern. Wie bereits in der Einleitung erwähnt, weicht das System des chinesischen Kalenders deutlich von dem bei uns gebräuchlichen gregorianischen Kalender ab.

Um diese Komplexität zu verstehen, nähern wir uns ihr einmal über die Frage, was ein Kalender überhaupt ist.

Seit Jahrtausenden versucht die Menschheit, die Zeit auf irgendeine Art und Weise „einzufangen", das heißt, ihren Verlauf so zu strukturieren, dass bestimmte Tage wie religiöse Feste, wichtige landwirtschaftliche Stichtage oder persönliche Feiertage wie der Geburtstag in regelmäßigen Rhythmen wiederkehren, und zwar zu einem Zeitpunkt, der immer wieder vergleichbare Rahmenbedingungen bereithält.

Zu diesem Zweck hat sich die Menschheit an allgemein beobachtbaren, regelmäßig wiederkehrenden Zeichen orientiert: dem Stand der Sonne, dem Stand des Mondes und/oder den Konstellationen am Sternenhimmel. In einigen Kulturen wie bei den Germanen und den Kelten wurden auch natürliche Zustände wie der Fortschritt der Vegetation einbezogen, sodass Druiden und Schamanen die Aufgabe hatten, bestimmte Fest- und Feiertage jedes Jahr von Neuem festzulegen. Andere Kulturen beschränkten sich auf das, was sie am

Himmel beobachten konnten; einige leiteten daraus dann auch arithmetische Regeln ab, um die Zeit noch feiner strukturieren zu können.

Die Art, wie wir Europäer unsere Zeit einteilen, ist eng mit griechisch-römischen sowie jüdischen Traditionen verbunden:

- Unser derzeitiger Kalender basiert auf dem Sonnenjahr, das heißt, ein Jahr dauert so lange, wie die Erde benötigt, einmal die Sonne zu umrunden. Dieses sogenannte siderische Jahr dauert etwa 365 1/4 Tage. Unser Kalenderjahr geht allerdings nur von 365 Tagen aus, wodurch alle vier Jahre ein Schalttag eingeschoben wird. Dieses System geht bereits auf Julius Cäsar zurück, nach dem der bis ins 16. Jahrhundert gültige Kalender der julianische Kalender heißt.

  Da es im Laufe der Jahrzehnte aber trotzdem zu leichten Abweichungen kam, muss man hin und wieder einen Schalttag auslassen. Diese Verfeinerung des julianischen Kalenders wurde auf Befehl von Papst Gregor dem XIII. 1582 eingeführt und nach ihm heißt unser derzeitiges Kalendersystem gregorianischer Kalender. Unser Jahresbeginn am 1. Januar liegt rund 10 Tage nach der Wintersonnenwende und zwischen der Herbst- (23. 9.) und der Frühlingstagundnachtgleiche (21. 3.). Abweichend davon ist der astrologische Jahresbeginn bei uns am 21. 3., also zur Frühlingstagundnachtgleiche, wenn die Sonne in das Tierkreiszeichen des Widders eintritt.
- Das zweite Hauptgestirn am Himmel ist der Mond, der unserem Monat den Namen gab. Der Mond rundet sich alle 29,5 Tage, also rund zwölfmal im Jahr. Schon die Ägypter, Griechen und Römer teilten das Jahr in zwölf Monde, wobei sie im Wechsel 30- und 31-Tage-Monate und den kürzeren Februar schufen (eine künstliche Einteilung, die mit dem tatsächlichen Stand des Mondes nichts zu tun hat).

- Die Einteilung der Woche in sieben Tage und die Einteilung des Tages in 24 Stunden zu 60 Minuten und der Minute zu 60 Sekunden wiederum geht auf sumerisch-babylonische und jüdische Traditionen zurück.

Die Gliederung des Jahres

Unser gregorianischer Kalender ist seit 1929 auch in der Volksrepublik China und in Taiwan der offiziell gültige Kalender, was nicht zuletzt auf die Notwendigkeiten des modernen Wirtschaftslebens zurückzuführen ist. Man nennt ihn den westlichen oder auch den bürgerlichen Kalender (gongli).

Um das Jahr zu strukturieren, Festtage festzulegen, Termine für die Landwirtschaft zu definieren, aber auch, um Horoskope zu berechnen, verwenden die Chinesen jedoch den traditionellen chinesischen Bauernkalender. Dabei handelt es sich um einen Sonnenkalender – alles andere wäre für die Landwirtschaft ja unsinnig. Seit 1645 – in diesem Jahr führte der Jesuitenpater Adam Schall, der ein guter Astronom war, am chinesischen Hof lebte und zahlreiche Ehrenämter innehatte, die Berechnung von Sonnen- und Mondbewegungen mit Sinuskurven ein und reformierte auf diese Weise den chinesischen Kalender, was vor allem Auswirkungen auf die Verteilung der Schaltmonate hatte.

Dieser traditionelle chinesische Bauernkalender untergliedert das Jahr in 24 markante Daten, an denen die Sonne auf ihrem gedachten kreisförmigen Weg um die Erde jeweils 15 Grad zurückgelegt hat (also ein Vierundzwanzigstel von 360 Grad, der Winkelsumme im Kreis, wie wir aus der Schule noch wissen). Die Bezeichnung dieser 24 Zeitabschnitte (chinesisch jieqi, wörtlich: Wetterknoten) spiegelt ihre Bedeutung für die Landwirtschaft wieder, wie ihre sprechenden Bezeichnungen in der Tabelle 4 anschaulich zeigen.

Sie werden unterschieden in Hauptperioden (zongqi) und Nebenperioden, jede Nebenperiode markiert den Beginn eines neuen Monats im Zeichen eines Tiers des chinesischen Tierkreises.

Die genauen Termine dieser Phasen müssen am konkreten Stand der Sonne abgelesen werden und können sich um einen Tag verschieben. In der folgenden Liste finden Sie den jeweils frühesten möglichen Zeitpunkt für den Beginn einer Phase. In manchen Jahren liegen einzelne Sonnenperioden um einen Tag später, als in unserer Tabelle angegeben. Genaueres finden Sie auf der Website des Hong Kong Observatory (siehe Seite 139).

Tabelle 4: Hauptperioden und Monatseinteilung im chinesischen Bauernkalender, einem Sonnenkalender

Jieqi (Sonnenperioden)	Frühester Termin	Erdzweig/Tier
1. Hauptperiode: Wintersonnenwende	22. 12.	(noch) Ratte
Kleine Kälte	06. 01.	Beginn des Monats des Büffels
2. Hauptperiode: Große Kälte	20. 01.	
Frühlingsanfang	04. 02.	Beginn des Monats des Tigers
3. Hauptperiode: Frühlingsregen	19. 02.	
Erwachen der Insekten	06. 03.	Beginn des Monats des Hasen
4. Hauptperiode: Frühlingstagundnachtgleiche	21. 03.	
Helles und klares Wetter	05. 04.	Beginn des Monats des Drachen

5. Hauptperiode: Getreideregen	20. 04.	
Sommerbeginn	06. 05.	Beginn des Monats der Schlange
6. Hauptperiode: Kleine Fülle	21. 05.	
Körneransatz am Getreide	06. 06.	Beginn des Monats des Pferdes
7. Hauptperiode: Sommersonnenwende	22. 06.	
Kleine Hitze	07. 07.	Beginn des Monats der Ziege
8. Hauptperiode: Große Hitze.	23. 07.	
Herbstbeginn	08. 08.	Beginn des Monats des Affen
9. Hauptperiode: Die Hitze endet	23. 08.	
Weißer Tau	08. 09.	Beginn des Monats des Hahns
10. Hauptperiode: Herbst-tagundnachtgleiche	23. 09.	
Kalter Tau	08. 10.	Beginn des Monats des Hundes
11. Hauptperiode: Frost	24. 10.	
Winterbeginn	08. 11.	Beginn des Monats des Schweins
12. Hauptperiode: Leichter Schnee	22. 11.	
Schwerer Schnee	07. 12.	Beginn des Monats der Ratte

Das chinesische Neujahrsfest

Und das chinesische Neujahrsfest? Es findet keineswegs jedes Jahr am 4. Februar statt, wie wir aus den Medien erfahren.

Bei seiner Festlegung kommt der Mond ins Spiel. Es wird nach einem dritten Kalender berechnet, dem traditionellen oder alten chinesischen Kalender (nongli). Es handelt sich um einen Lunisolar-Kalender (yinyangli), also einen, der sowohl den Stand der Sonne (yang) als auch den des Mondes (yin) berücksichtigt. Er ist deswegen so kompliziert, weil auch er nicht auf Mittelwerten beruht, sondern auf exakten astronomischen Berechnungen der Stellungen von Sonne und Mond.

Ein Mondmonat reicht von Neumond bis Neumond und dauert 29 Tage, zwölf Stunden, 44 Minuten und drei Sekunden. Neben den 12 Haupt-Sonnenphasen teilen die Mondmonate den chinesischen Kalender in 12 bzw. 13 Monate. Diese Monate werden von eins bis zwölf durchnummeriert. Der elfte Monat ist jener, in dem die Sonne durch die Wintersonnenwende wandert.

Da Monate 29 oder 30 Tage dauern, ergibt sich zum tropischen Sonnenjahr eine Differenz von mehr als zehn Tagen. Daher wurde im fünften Jahrhundert vor Christi Geburt ein System von Schaltmonaten entwickelt: Auf jeweils 19 Jahre werden seither sieben Schaltmonate eingefügt. Ein Schaltmonat ist dabei der erste Monat nach der Wintersonnenwende, in dem die Sonne innerhalb einer Hauptperiode (zongqi) bleibt. Der Schaltmonat erhält die gleiche Nummer wie der Monat zuvor.

Der chinesische Neujahrstermin nun wird nach dem Mond berechnet und nicht nach dem Ablauf eines Sonnenjahres. Das Neujahrsfest fällt in den allermeisten Jahren auf den zweiten Neumond nach der Wintersonnenwende, also auf den Zeitraum zwischen dem 21. Januar und dem 19. Februar. Zu diesem Zeitpunkt wird auch der Wechsel des „tierischen" Jahresregenten gefeiert.

Astrologischer Jahresbeginn

Innerhalb der chinesischen Astrologie werden die Systeme durchaus gemischt. Ihr persönlicher Jahresregent wird in vielen Horoskopen nach dem chinesischen Neujahrstermin im Lunisolarkalender angegeben, in anderen dagegen wie auch die Monatsregenten nach den jieqi des chinesischen Bauernkalenders.

Wenn Sie zwischen dem 21. Januar und dem 19. Februar geboren sind, könnten Sie Ihren Jahresregenten nach dem chinesischen Neujahrstermin oder nach dem Frühlingsanfang

Tabelle 5: Jahresbeginn nach dem traditionellen Lunisolarkalender und nach dem chinesischen Bauernkalender.

Element	Yin/Yang	Tierzeichen	Jahresbezeichnung
Metall	Yin	Büffel	Jahr des Metall-Büffels
Wasser	Yang	Tiger	Jahr des Wasser-Tigers
Wasser	Yin	Hase	Jahr des Wasser-Hasen
Holz	Yang	Drache	Jahr des Holz-Drachen
Holz	Yin	Schlange	Jahr der Holz-Schlange
Feuer	Yang	Pferd	Jahr des Feuer-Pferdes
Feuer	Yin	Ziege	Jahr der Feuer-Ziege
Erde	Yang	Affe	Jahr des Erd-Affen
Erde	Yin	Hahn	Jahr des Erd-Hahns
Metall	Yang	Hund	Jahr des Metall-Hunds
Metall	Yin	Schwein	Jahr des Metall-Schweins
Wasser	Yang	Ratte	Jahr der Wasser-Ratte
Wasser	Yin	Büffel	Jahr des Wasser-Büffels
Holz	Yang	Tiger	Jahr des Holz-Tigers
Holz	Yin	Hase	Jahr des Holz-Hasen
Feuer	Yang	Drache	Jahr des Feuer-Drachen
Feuer	Yin	Schlange	Jahr der Feuer-Schlange
Erde	Yang	Pferd	Jahr des Erd-Pferdes
Erde	Yin	Ziege	Jahr der Erd-Ziege
Metall	Yang	Affe	Jahr des Metall-Affen
Metall	Yin	Hahn	Jahr des Metall-Hahns

im chinesischen Bauernkalender wählen. Für welches System Sie sich entscheiden, bleibt im Grunde Ihnen überlassen. Für alle Menschen, die vom 20. Februar bis zum 20. Januar des folgenden Jahres geboren sind, stellt sich diese Frage dagegen nicht.

Wenn in diesem Buch zur Veranschaulichung der Angabe „Jahr des Metall-Hunds" die Angabe „Jahrgang 1910" steht, bezieht sich das auf alle Menschen, die zwischen dem chinesischen Jahresbeginn des Jahres 1910 und jenem des Jahres 1911, also zwischen dem 10. 2. 1910 und dem 18. 2. 1911 geboren wurden.

Chinesisch	Neujahr	Frühlingsbeginn
Xin-Chou	19. 02. 1901	04. 02. 1901
Ren-yin	08. 02. 1902	05. 02. 1902
Gui-mao	29. 01. 1903	05. 02. 1903
Jia-chen	16. 02. 1904	05. 02. 1904
Yi-si	04. 02. 1905	04. 02. 1905
Bing-wu	25. 01. 1906	05. 02. 1906
Ding-wei	13. 02. 1907	05. 02. 1907
Wu-shen	02. 02. 1908	05. 02. 1908
Ji-you	22. 01. 1909	04. 02. 1909
Geng-xu	10. 02. 1910	05. 02. 1910
Xin-hai	30. 01. 1911	05. 02. 1911
Ren-zi	18. 02. 1912	05. 02. 1912
Gui-chou	06. 02. 1913	04. 02. 1913
Jia-yin	26. 01. 1914	04. 02. 1914
Yi-mao	14. 02. 1915	05. 02. 1915
Bing-chen	03. 02. 1916	05. 02. 1916
Ding-si	23. 01. 1917	04. 02. 1917
Wu-wu	11. 02. 1918	04. 02. 1918
Ji-wei	01. 02. 1919	05. 02. 1919
Geng-shen	20. 02. 1920	05. 02. 1920
Xin-you	08. 02. 1921	04. 02. 1921

Wasser	Yang	Hund	Jahr des Wasser-Hundes
Wasser	Yin	Schwein	Jahr des Wasser-Schweins
Holz	Yang	Ratte	Jahr der Holz-Ratte
Holz	Yin	Büffel	Jahr des Holz-Büffels
Feuer	Yang	Tiger	Jahr des Feuer-Tigers
Feuer	Yin	Hase	Jahr des Feuer-Hasen
Erde	Yang	Drache	Jahr des Erd-Drachen
Erde	Yin	Schlange	Jahr der Erd-Schlange
Metall	Yang	Pferd	Jahr des Metall-Pferds
Metall	Yin	Ziege	Jahr der Metall-Ziege
Wasser	Yang	Affe	Jahr des Wasser-Affen
Wasser	Yin	Hahn	Jahr des Wasser-Hahns
Holz	Yang	Hund	Jahr des Holz-Hunds
Holz	Yin	Schwein	Jahr des Holz-Schweins
Feuer	Yang	Ratte	Jahr der Feuer-Ratte
Feuer	Yin	Büffel	Jahr des Feuer-Büffels
Erde	Yang	Tiger	Jahr des Erd-Tigers
Erde	Yin	Hase	Jahr des Erd-Hasen
Metall	Yang	Drache	Jahr des Metall-Drachen
Metall	Yin	Schlange	Jahr der Metall-Schlange
Wasser	Yang	Pferd	Jahr des Wasser-Pferds
Wasser	Yin	Ziege	Jahr der Wasser-Ziege
Holz	Yang	Affe	Jahr des Holz-Affen
Holz	Yin	Hahn	Jahr des Holz-Hahns
Feuer	Yang	Hund	Jahr des Feuer-Hunds
Feuer	Yin	Schwein	Jahr des Feuer-Schweins
Erde	Yang	Ratte	Jahr der Erd-Ratte
Erde	Yin	Büffel	Jahr des Erd-Büffels
Metall	Yang	Tiger	Jahr des Metall-Tigers
Metall	Yin	Hase	Jahr des Metall-Hasen
Wasser	Yang	Drache	Jahr des Wasser-Drachen
Wasser	Yin	Schlange	Jahr der Wasser-Schlange
Holz	Yang	Pferd	Jahr des Holz-Pferds
Holz	Yin	Ziege	Jahr der Holz-Ziege
Feuer	Yang	Affe	Jahr des Feuer-Affen
Feuer	Yin	Hahn	Jahr des Feuer-Hahns
Erde	Yang	Hund	Jahr des Erd-Hunds
Erde	Yin	Schwein	Jahr des Erd-Schweins
Metall	Yang	Ratte	Jahr der Metall-Ratte

Ren-xu	28. 01. 1922	04. 02. 1922
Gui-hai	16. 02. 1923	05. 02. 1923
Jia-zi	05. 02. 1924	05. 02. 1924
Yi-chou	25. 01. 1925	04. 02. 1925
Bing-yin	13. 02. 1926	04. 02. 1926
Ding-mao	02. 02. 1927	05. 02. 1927
Wu-chen	23. 01. 1928	05. 02. 1928
Ji-si	10. 02. 1929	04. 02. 1929
Geng-wu	30. 01. 1930	04. 02. 1930
Xin-wei	17. 02. 1931	05. 02. 1931
Ren-shen	06. 02. 1932	05. 02. 1932
Gui-you	26. 01. 1933	04. 02. 1933
Jia-xu	14. 02. 1934	04. 02. 1934
Yi-hai	04. 02. 1935	05. 02. 1935
Bing-zi	24. 01. 1936	05. 02. 1936
Ding-chou	11. 02. 1937	04. 02. 1937
Wu-yin	31. 01. 1938	04. 02. 1938
Ji-mao	19. 02. 1939	05. 02. 1939
Geng-chen	07. 02. 1940	05. 02. 1940
Xin-si	27. 01. 1941	04. 02. 1941
Ren-wu	15. 02. 1942	04. 02. 1942
Gui-wei	05. 02. 1943	05. 02. 1943
Jia-shen	25. 01. 1944	05. 02. 1944
Yi-you	13. 02. 1945	04. 02. 1945
Bing-xu	02. 02. 1946	04. 02. 1946
Ding-hai	22. 01. 1947	04. 02. 1947
Wu-zi	10. 02. 1948	05. 02. 1948
Ji-chou	29. 01. 1949	04. 02. 1949
Geng-yin	17. 02. 1950	04. 02. 1950
Xin-mao	06. 02. 1951	04. 02. 1951
Ren-chen	27. 01. 1952	05. 02. 1952
Gui-si	14. 02. 1953	02. 02. 1953
Jia-wu	03. 02. 1954	04. 02. 1954
Yi-wei	24. 01. 1955	04. 02. 1955
Bing-shen	12. 02. 1956	05. 02. 1956
Ding-you	31. 01. 1957	04. 02. 1957
Wu-xu	18. 02. 1958	04. 02. 1958
Ji-hai	08. 02. 1959	04. 02. 1959
Geng-zi	28. 01. 1960	05. 02. 1960

Metall	Yin	Büffel	Jahr des Metall-Büffels
Wasser	Yang	Tiger	Jahr des Wasser-Tigers
Wasser	Yin	Hase	Jahr des Wasser-Hasen
Holz	Yang	Drache	Jahr des Holz-Drachen
Holz	Yin	Schlange	Jahr der Holz-Schlange
Feuer	Yang	Pferd	Jahr des Feuer-Pferdes
Feuer	Yin	Ziege	Jahr der Feuer-Ziege
Erde	Yang	Affe	Jahr des Erd-Affen
Erde	Yin	Hahn	Jahr des Erd-Hahns
Metall	Yang	Hund	Jahr des Metall-Hunds
Metall	Yin	Schwein	Jahr des Metall-Schweins
Wasser	Yang	Ratte	Jahr der Wasser-Ratte
Wasser	Yin	Büffel	Jahr des Wasser-Büffels
Holz	Yang	Tiger	Jahr des Holz-Tigers
Holz	Yin	Hase	Jahr des Holz-Hasen
Feuer	Yang	Drache	Jahr des Feuer-Drachen
Feuer	Yin	Schlange	Jahr der Feuer-Schlange
Erde	Yang	Pferd	Jahr des Erd-Pferds
Erde	Yin	Ziege	Jahr der Erd-Ziege
Metall	Yang	Affe	Jahr des Metall-Affen
Metall	Yin	Hahn	Jahr des Metall-Hahns
Wasser	Yang	Hund	Jahr des Wasser-Hunds
Wasser	Yin	Schwein	Jahr des Wasser-Schweins
Holz	Yang	Ratte	Jahr der Holz-Ratte
Holz	Yin	Büffel	Jahr des Holz-Büffels
Feuer	Yang	Tiger	Jahr des Feuer-Tigers
Feuer	Yin	Hase	Jahr des Feuer-Hasen
Erde	Yang	Drache	Jahr des Erd-Drachen
Erde	Yin	Schlange	Jahr der Erd-Schlange
Metall	Yang	Pferd	Jahr des Metall-Pferdes
Metall	Yin	Ziege	Jahr der Metall-Ziege
Wasser	Yang	Affe	Jahr des Wasser-Affen
Wasser	Yin	Hahn	Jahr des Wasser-Hahns
Holz	Yang	Hund	Jahr des Holz-Hunds
Holz	Yin	Schwein	Jahr des Holz-Schweins
Feuer	Yang	Ratte	Jahr der Feuer-Ratte
Feuer	Yin	Büffel	Jahr des Feuer-Büffels
Erde	Yang	Tiger	Jahr des Erd-Tigers
Erde	Yin	Hase	Jahr des Erd-Hasen

Xin-chou	15. 02. 1961	04. 02. 1961
Ren-yin	05. 02. 1962	04. 02. 1962
Gui-mao	25. 01. 1963	04. 02. 1963
Jia-chen	13. 02. 1964	05. 02. 1964
Yi-si	02. 02. 1965	04. 02. 1965
Bing-wu	21. 01. 1966	04. 02. 1966
Ding-wei	09. 02. 1967	04. 02. 1967
Wu-shen	30. 01. 1968	05. 02. 1968
Ji-you	17. 02. 1969	04. 02. 1969
Geng-xu	06. 02. 1970	04. 02. 1970
Xin-hai	27. 01. 1971	04. 02. 1971
Ren-zi	16. 02. 1972	05. 02. 1972
Gui-chou	03. 02. 1973	04. 02. 1973
Jia-yin	23. 01. 1974	04. 02. 1974
Yi-mao	11. 02. 1975	04. 02. 1975
Bing-chen	31. 01. 1976	05. 02. 1976
Ding-si	18. 02. 1977	04. 02. 1977
Wu-wu	07. 02. 1978	04. 02. 1978
Ji-wei	28. 01. 1979	04. 02. 1979
Geng-shen	16. 02. 1980	05. 02. 1980
Xin-you	05. 02. 1981	04. 02. 1981
Ren-xu	25. 01. 1982	04. 02. 1982
Gui-hai	13. 02. 1983	04. 02. 1983
Jia-zi	02. 02. 1984	04. 02. 1984
Yi-chou	20. 02. 1985	04. 02. 1985
Bing-yin	09. 02. 1986	04. 02. 1986
Ding-mao	29. 01. 1987	04. 02. 1987
Wu-chen	17. 02. 1988	04. 02. 1988
Ji-si	06. 02. 1989	04. 02. 1989
Geng-wu	27. 01. 1990	04. 02. 1990
Xin-wei	16. 02. 1991	04. 02. 1991
Ren-shen	04. 02. 1992	04. 02. 1992
Gui-you	23. 01. 1993	04. 02. 1993
Jia-xu	10. 02. 1994	04. 02. 1994
Yi-hai	31. 01. 1995	04. 02. 1995
Bing-zi	19. 02. 1996	04. 02. 1996
Ding-chou	07. 02. 1997	04. 02. 1997
Wu-yin	28. 01. 1998	04. 02. 1998
Ji-mao	16. 02. 1999	04. 02. 1999

Metall	Yang	Drache	Jahr des Metall-Drachen
Metall	Yin	Schlange	Jahr der Metall-Schlange
Wasser	Yang	Pferd	Jahr des Wasser-Pferds
Wasser	Yin	Ziege	Jahr der Wasser-Ziege
Holz	Yang	Affe	Jahr des Holz-Affen
Holz	Yin	Hahn	Jahr des Holz-Hahns
Feuer	Yang	Hund	Jahr des Feuer-Hunds
Feuer	Yin	Schwein	Jahr des Feuer-Schweins
Erde	Yang	Ratte	Jahr der Erd-Ratte
Erde	Yin	Büffel	Jahr des Erd-Büffels
Metall	Yang	Tiger	Jahr des Metall-Tigers

Quelle für alle Daten: Hong Kong Observatory

Die Jahresregenten

Der Jahresregent bestimmt in der chinesischen Astrologie die grundsätzlichen Qualitäten eines Jahres. Ein Jahr der Ratte stellt alle Menschen vor gewisse Herausforderungen und Probleme, etwa die Gefahr von Überforderung und Burn-out. Es beinhaltet aber auch ähnliche Chancen, etwa, dass Karrieren gelingen, große Pläne erfolgreich umgesetzt und Hindernisse aus dem Weg geräumt werden können.

Im chinesischen Horoskop spielt der Jahresregent eine zentrale Rolle. Er gibt so etwas wie eine grobe Leitlinie im Leben vor, die festlegt, mit welchen Charaktereigenschaften ein Mensch ausgestattet ist, was ihm besonders leicht gelingt und womit er seine Probleme hat. Außerdem bestimmt er über Harmonien und Disharmonien mit anderen Jahresregenten, gibt also Hinweise darauf, mit welchen Menschen aus anderen Geburtsjahrgängen bestimmte Chancen existieren bzw. bestimmte Herausforderungen zu bewältigen sind.

Modifiziert wird das herrschende Tierkreiszeichen (Erdzweig) einerseits durch den Wechsel der Himmelsstämme, also dem

Geng-chen	05. 02. 2000	04. 02. 2000
Xin-si	24. 01. 2001	04. 02. 2001
Ren-wu	12. 02. 2002	04. 02. 2002
Gui-wei	01. 02. 2003	04. 02. 2003
Jia-shen	22. 01. 2004	04. 02. 2004
Yi-you	09. 02. 2005	04. 02. 2005
Bing-xu	29. 01. 2006	04. 02. 2006
Ding-hai	18. 02. 2007	04. 02. 2007
Wu-zi	07. 02. 2008	04. 02. 2008
Ji-chou	26. 01. 2009	04. 02. 2009
Geng-yin	14. 02. 2010	04. 02. 2010

Rhythmus der fünf Elemente, andererseits durch die Regenten des Geburtsmonats und der Geburtsstunde. Dies ist einer der wesentlichen Unterschiede zwischen der chinesischen und der europäischen Astrologie: In der europäischen Astrologie erfolgt die primäre Unterscheidung der Charaktere auf der Basis der monatlich wechselnden Tierkreiszeichen, und erst auf einer differenzierteren Betrachtungsebene werden die Veränderungen im Jahresrhythmus infolge der Stellungen langsam kreisender Planeten herangezogen; im Chinesischen gilt das Besondere des Jahres als primäres Einordnungskriterium, die Veränderungen im Laufe der Monate und Stunden dagegen wirken sich darauf modifizierend aus.

In diesem Buch werden wir deshalb auch nur knapp auf diese Modifikationen durch Monat und Stunde eingehen und uns im Wesentlichen auf die Beschreibung der Jahresregenten beschränken. Treffende Detailanalysen sprengen nämlich den Rahmen dieses Buches und sollten von echten Spezialisten vorgenommen werden, da die Einflussfaktoren so vielschichtig ineinander verwoben sind, dass sie kaum in allgemeingültige Formen gefasst werden können. Mit der Erstellung eines detaillierten Lebenshoroskops, das all diese Dinge berücksichtigt, sind auch heute, im Zeitalter der Computerprogramme, chinesische Astrologen noch viele Tage lang beschäftigt.

Wenden wir uns nun einem Überblick der verschiedenen Jahresqualitäten zu, streifen dabei aber die Auswirkung der Himmelsstämme (Elemente und Yin/Yang-Rhythmus) nur am Rande:

Die Ratte als Jahresherrscher

Das Wesen des Ratte-Jahres liegt in der Kraft und dem Fortschritt der Erkenntnis. Das klingt anstrengend, ist es aber im Grunde nicht. Denn gleichzeitig steht das Jahr der Ratte unter dem Motto „Es darf auch leicht gehen". Denn in Ratte-Jahren will so einiges gelingen, was in anderen Jahren außerhalb unserer Reichweite lag.

Die Zielstrebigkeit, die die meisten Menschen in solchen Jahren entwickeln, wird allerdings weniger aus harter, konsequenter Arbeit geboren als durch Einfallsreichtum und ein gewisses Maß an List. Es ist ein Jahr für Lebenskünstler, die vom Leben vor allem eines für sich fordern: das Beste.

Geht es um wichtige Dinge, scheinen in Ratte-Jahren die Grenzen abgeschafft zu sein. Alle verfügbare Energie kommt ins Spiel, wenn nötig, auch Aggressivität und Rücksichtslosigkeit. Das ist vor allem dann der Fall, wenn auch das Element Feuer mitmischt. Außerdem treten Oberflächlichkeit und Maßlosigkeit auf, ein Eindruck, der allerdings mehr durch die Lebensfreude und den großen Energieeinsatz im Ratte-Jahr entsteht als durch echtes Desinteresse.

Für großartige Bedenken, Skrupel oder detaillierte Planungen ist in Ratte-Jahren einfach keine Zeit. Wer in einem Ratte-Jahr eine Chance verpasst, muss ihr nicht lange nachtrauern, sondern sollte auf die nächste Gelegenheit vertrauen. Es kommt immer etwas Besseres nach.

Ratte-Jahre sind nicht unbedingt die besten Jahre für Eheschließungen, allerdings sind sie auch nicht völlig ungeeignet dafür, sind Ratten doch durchaus sozial orientierte Wesen. Die Familie stellt für sie einen Wert dar, wenngleich sie ihn nicht unbedingt aktiv anstreben.

Wer in einem Ratte-Jahr geboren ist, für den gibt es keine Grenzen – auch keine persönlichen. Er lebt sein Leben ohne Kompromisse und verfolgt seine Ziele mit einer gehörigen Portion Angriffslust.

Der Büffel als Jahresherrscher

Die Ruhe und Beständigkeit des Büffels ist sprichwörtlich. Hat er die Dinge einmal für richtig erkannt, verfolgt er sie mit seiner ruhigen, konsequenten Art und lässt sich durch nichts und niemanden davon abbringen. Diese Qualitäten begegnen einem auch in den Jahren, die von diesem Vertreter des Tierkreises regiert werden.

In Büffel-Jahren steht den Menschen viel beständige Energie zur Verfügung, die sie dazu verwenden können, um mit vielen kleinen Schritten ihre Ziele zu erreichen. Große Sprünge oder kreative Abkürzungen sind in diesen Jahren dagegen nicht angesagt.

Büffel-Jahre sind gute Jahre, um auf der Karriereleiter die eine oder andere Sprosse hinaufzuklettern. Sie eignen sich außerdem hervorragend dazu, solide Beziehungen zu knüpfen oder die Basis für wirtschaftliche und soziale Sicherheit zu legen.

Man muss in Büffel-Jahren allerdings aufpassen, dass das Streben nach Sicherheit nicht zu sturem Beharren entartet, vor allem, wenn auch noch das Element Metall ins Spiel kommt. Manchmal besteht aber auch die Gefahr, dass die sanfte Ruhe und Beständigkeit in Trägheit umschlägt und den Eindruck des Egoismus entstehen lässt.

Im Jahr des Büffels Geborene sind ruhige, geduldige und zuverlässige Zeitgenossen. Ihre Sanftmut und Geduld ist sprichwörtlich und, sofern sie nicht in Trägheit verfallen, auch ihre größte Stärke. Aus dem Gleichgewicht geraten Büffel nur, wenn man ihre subjektive Sicherheit bedroht. Dann werden sie zur Furie. Ein rotes Tuch zeigt man dem Büffel besser nicht.

Der Tiger als Jahresherrscher

In Tiger-Jahren geht es in aller Regel ziemlich turbulent zu, was sowohl aus sexueller wie auch aus spiritueller Energie gespeist wird. Es sind Jahre des missionarischen Eifers, in dem sich viele Menschen auf eine spannende Reise der eigenen Entwicklung begeben.

Bei den Chinesen sind diese Jahre sehr beliebt, gelten sie doch gemeinsam mit Drachen-Jahren als Glücksjahre. Allerdings fußt dieses Glück anders als beim Drachen nicht auf den fünf klassischen chinesischen Tugenden der Harmonie, der Rechtschaffenheit, der Vorbildfunktion, wirtschaftlichen Gesundheit und Langlebigkeit.

Der Tiger bringt persönliche Reife, die allerdings mit viel

Aufregung und Wirbel verbunden ist, bis man sie tatsächlich errungen hat.

Bequem sind diese Jahre trotz ihres Glückspotenzials nicht. Die Jahre des Tigers können dazu beitragen, die Welt ein Stückchen besser zu machen, vor allem, weil auch Feinfühligkeit und Warmherzigkeit im Spiel sind. Allerdings kann es auch vorkommen, dass sich die vorher nach außen gerichteten Energien nach innen kehren und bislang für das Gemeinwohl engagierte Menschen sich enttäuscht zurückziehen. In solchen Jahren finden auch Scharlatane über Gebühr Gehör.

Und obwohl Sexualität und Erotik in Tiger-Jahren sehr präsent sind, so sollte man sich dennoch zweimal überlegen, ob man in einem Tiger-Jahr eine Ehe schließt. Denn die sexuelle Kraft des Tigers hat mehr mit der eigenen Entwicklung zu tun als mit der Begründung einer soliden häuslichen Beziehung.

Tiger-Geborene sind missionarische Eiferer, deren Lebensfreude in aller Regel unwiderstehlich anziehend wirkt. Der Tiger lebt seinen Traum von einer besseren Welt, in der alle Menschen Brüder werden.

Hin und wider wacht er allerdings aus diesem Traum auf, zieht sich frustriert zurück und hadert mit Gott und der Welt. Allerdings nicht allzu lange, denn dort hat er nicht das Publikum, das er im Grunde braucht, um sich wohlzufühlen. Dann taucht er aus seinem Schmollwinkel auf. Bis zum nächsten Erwachen ...

Der Hase als Jahresherrscher

In Hase-Jahren dominieren Harmonie und Schönheit. Nicht von ungefähr war deshalb auch Cocooning – der Rückzug in die eigenen, gemütlich eingerichteten vier Wände – das Modewort des Jahres 1999. In vom Hasen regierten Jahren treten Karrierestreben oder Vergnügen im öffentlichen Raum in den Hintergrund. Die Menschen scheinen ausgezeichnete Antennen für ihre Umgebung zu entwickeln und zeigen besondere Hilfsbereitschaft.

In Hase-Jahren besteht die Chance, für lange schwelende Konflikte Lösungen zu finden und alte Feindschaften zu begraben. Die Tendenz zu überraschenden diplomatischen Lösungen wird noch weiter verstärkt, wenn außerdem das Element Luft ins Spiel kommt. Wer in einem Hase-Jahr mit dem Element Erde heiratet, hat große Chancen auf ein gemütliches, hübsch eingerichtetes Heim und ein harmonisches Familienleben.

Unter bestimmten Bedingungen kann die Hilfsbereitschaft des Hasen allerdings auch ihre schwierigen Seiten offenbaren. Dann besteht nämlich die Gefahr, dass aus Mitgefühl Mitleid wird. So wird die Hilfsbereitschaft zur Last für den Mitleidenden, ohne dass dem anderen wirklich geholfen wäre.

Außerdem sollte man sich in Hase-Jahren davor hüten, zu viel Druck auf andere Menschen auszuüben. Das vertragen sie nämlich in aller Regel nicht besonders gut und entziehen sich dem mit unnachvollziehbaren Kapriolen. Der Hase schlägt seine Haken und verschwindet verschreckt.

Im Jahr des Hasen Geborene haben in aller Regel eine sehr positive Lebenseinstellung und nehmen auch von ihren Mitmenschen zunächst einmal nur das Beste an. Sie sind geborene Diplomaten, die dank ihrer sozialen Intelligenz tragfähige, von allen zufrieden akzeptierte Kompromisse zu schaffen verstehen.

Hasen laden dazu ein, sie zu unterschätzen, doch das könnte ein Fehler sein. Ohne sie wäre das Leben härter.

Der Drache als Jahresherrscher

Der Drache gilt als Glücksbringer im chinesischen Tierkreis, er symbolisiert gleichermaßen Macht, Glück und geistige Wendigkeit. Im Drachen vereinigen sich die fünf wichtigsten traditionellen chinesischen Tugenden, nämlich Harmonie, Rechtschaffenheit, Vorbildfunktion, wirtschaftliche Gesundheit und Langlebigkeit.

Kein Wunder, dass Drache-Jahre in China besonders beliebt sind, hofft doch jeder, nun endlich auch einmal eine Portion Glück vom Leben abzubekommen.

Drache-Jahre lassen sich gut dazu nutzen, sich selbst einmal richtig in Szene zu setzen, etwa im Beruf oder auch im Freundes- und Bekanntenkreis. Die Energie des Jahres hilft ausgezeichnet dabei, sich selbst und andere zu Höchstleistungen zu motivieren. Oder man begnügt sich damit, sich und seine Umgebung zu unterhalten, was zweifellos auch seinen Reiz hat.

In China stehen die Drache-Jahre aber vor allem unter dem Zeichen des persönlichen Reichtums, der Macht und der Gesundheit. In Drache-Jahren sind die Chinesen überzeugt, dass ihnen alles gelingt, was sie reicher, mächtiger und gesünder macht. Deshalb vom Egoismus des Drachen zu sprechen, wäre allerdings verfehlt, werden diese positiven Gaben des Schicksals doch auch großzügig mit anderen geteilt.

Unter Umständen kann es aber auch unter der Regentschaft des Drachen zu Rückzugstendenzen kommen. Drachen haben eben auch das Bedürfnis, sich ab und zu in ihre Höhle zurückzuziehen. Dann treten der erwähnte Egoismus und Arroganz in Erscheinung.

Der im Jahr des Drachen Geborene gilt in China als absoluter Glückspilz, dem man einen Hang zu Macht und Geld – und damit zu Geltung – nachsagt. Im Grunde seines Herzens ist er überzeugt, anders zu sein als die anderen Menschen. Daher wechselt sich bei ihm auch das Bedürfnis, im Mittelpunkt zu stehen, häufig ab mit dem Verlangen nach Rückzug. Im chinesischen Kulturkreis sieht man ihm das eher nach als bei uns.

Die Schlange als Jahresherrscher

In unserer Kultur ist die Schlange der Inbegriff der List, die den Menschen mit dem Sündenfall aus dem Paradies vertrieb und ins Unglück stürzte. In vielen anderen Kulturen steht sie dagegen durch ihre zahllosen Häutungen und ihre schwere Greifbarkeit für mystische Wandlung und Spiritualität. Auch die Chinesen nähern sich eher auf die zweite Art und Weise diesem Wesen an.

Die Schlange gilt als allumfassender Hinterfrager, der Unbegreifliches begreifen will und dabei auch Tabus bricht und bislang als sicher Geltendes in Frage stellt.

Schlange-Jahre stehen im Zeichen des vollständigen Verstehens von Hintergründen und Zusammenhängen. Es sind Jahre, in denen die Menschen versuchen, ihre Projekte einmal anders als sonst üblich zu lösen. Und sie bringen tatsächlich oft überraschend kreative Lösungen zustande. Es sind Jahre, in denen Technologie in den Hintergrund tritt, in dem die Wichtigkeit von „ZDF" („Zahlen – Daten – Fakten") überlagert wird von der Frage nach dem Sinn.

Es war das Schlange-Jahr 2001, in dem die ersten börsennotierten Weltkonzerne begannen, die Steuerung ihrer Unternehmen ohne groß angelegte Budgetierungsprozesse auszuprobieren, und damit eine Entwicklung einleiteten, die unsere Weltwirtschaft auf noch nicht absehbare Art und Weise positiv beeinflussen könnte.

In Schlange-Jahren gelingen revolutionäre Konzepte, wobei es durch das Ende alter Glaubenssätze allerdings auch zu unangenehmen Erscheinungen kommen kann. So wie der Geburtsschmerz in höchstem Maße schmerzhaft ist, aber zu einem beglückenden Resultat führt.

Darüber hinaus sind Schlange-Jahre aber auch Jahre, in denen die Menschen empfänglich sind, Schönheit zu empfinden und aufzugreifen – auch wenn diese Empfänglichkeit speziell unter dem Einfluss von Yang in sinnlosem Anhäufen schöner, aber unnötiger Dinge enden kann.

Im Jahr der Schlange geborene Menschen wirken auf ihre Umgebung oft rätselhaft und schwer zugänglich. Im Extremfall scheint sie ein hochnäsiges Mitglied eines elitären Zirkels zu sein, dessen hohe moralische Ansprüche vor allem für die anderen gültig sind. Im Grunde ist es aber nur ihr Streben nach Tiefe und vollständigem Verstehen, was ihre Mitmenschen irritiert.

Das Pferd als Jahresherrscher

Im Jahr des Pferdes legt das Leben an Tempo zu. Und damit nicht genug. Die Dinge entwickeln sich sprunghaft, was Pferde durchaus mögen, aber nicht unbedingt nach dem Geschmack der anderen Vertreter des Tierkreises ist.

Aber sehen wir uns die Eigenarten dieses Jahres an, indem wir einen genaueren Blick auf seinen Vertreter werfen. In

Pferden paaren sich Kraft mit Nervosität und Eleganz mit Ungeduld. Banalitäten oder Altvertrautes haben in Pferd-Jahren keinen Platz. Vielmehr geht es um das Erobern neuer Horizonte und das Erschließen fetter Weiden.

Wer in einem solchen Jahr auf Beständigkeit hofft, setzt eindeutig auf das falsche Pferd. Aber auch Zielstrebigkeit und Konsequenz sind in Pferd-Jahren eher selten anzutreffen. Viel größere Aussichten auf Erfolg haben dagegen spontane Dinge, die durchaus ein wenig den Charakter von Hauruck-Aktionen annehmen können. Langweilig wird es einem in einem Pferd-Jahr jedenfalls kaum.

Daher sind Pferd-Jahre auch nicht ideal, um langfristige Bindungen zu besiegeln. Das Pferd mag Gesellschaft, es ist schließlich ein Herdentier. Es bevorzugt aber das Spiel in der Gruppe deutlich mehr als die Arbeit im Zweiergespann. Und steht der Spaß nicht mehr im Mittelpunkt, dann ist es auch schnell wieder davongaloppiert.

In Pferd-Jahren darf man der Sprungkraft und der Tapferkeit vertrauen, die ein Pferd entwickeln kann, um überraschend auftauchende Hürden zu überwinden und Gefahren abzuwehren. Gleichzeitig sollte man sich in Acht nehmen, nicht plötzlich alleine dazustehen, wenn die Aufgaben zu anstrengend und die Herausforderungen zu schwierig werden.

In einem Jahr des Pferdes Geborene haben in aller Regel das Herz am rechten Fleck und verbreiten eine positive Stimmung. Sie stehen gerne im Mittelpunkt des Interesses, scheuen aber auch nicht davor zurück, zuzupacken, wenn es notwendig erscheint. Im Grunde kann nichts und niemand ihre gute Laune erschüttern. Mit einer Ausnahme: Wehe, die Dinge beginnen sie zu langweilen. Dann machen sie sich, eh man sich's versieht, vom Acker.

Die Ziege als Jahresherrscher

Das Jahr der Ziege ist vor allem eines: ein Jahr, das von allen guten Willen verlangt. Im Grunde ist die Ziege ein friedliebender Zeitgenosse, der Konfrontationen grundsätzlich aus dem Weg geht.

Aber wehe, etwas geht nicht so, wie sie sich das vorstellt. Dann kann sie nämlich ganz schön zickig werden und mit Hörnern, Zähnen und Hufen ihren Willen durchsetzen. Das führt dann oft zu Missverständnissen, weil die Menschen nicht mehr den grundsätzlichen Wunsch nach Frieden sehen, sondern nur noch die aggressive Art der Durchsetzung.

In Ziege-Jahren tut man daher gut daran, sich bei allem, was man unternimmt, zu fragen, welche Auswirkungen dies auf das Miteinander hat. Denn in diesen Phasen legen die Menschen nicht nur großen Wert auf Frieden und Harmonie, sie sind auch bereit, darum zu kämpfen.

Vor allem Dinge, die dem sozialen Ausgleich dienen, haben daher in Jahren der Ziege große Aussichten auf Gelingen. Ansonsten sollte man sich auf Dinge verlegen, die man alleine fertigbringt, ohne dass andere einem dabei in die Quere kommen können. Ist eine Zusammenarbeit für ein Vorhaben dagegen unumgänglich, dann beschränkt man sich besser darauf, die Ideen der anderen umzusetzen, als selbst aktiv zu werden. Darin liegt deutlich weniger Konfliktpotenzial.

Großen Reichtum oder Karriereschübe bringen Ziege-Jahre in aller Regel nicht. Auch zum Heiraten gibt es mit Sicherheit bessere Jahre. Dagegen existiert eine reelle Chance, mit etwas Anpassungsbereitschaft Erfolge für sich verbuchen zu können. Gleichzeitig sollte man aber darauf achten, dass diese Anpassungsbereitschaft nicht zum Verlust des eigenen Profils führt.

Ziege-Geborene sind jedenfalls deutlich weniger ängstlich und schüchtern, als dies oft behauptet wird. Sie legen großen Wert auf gute Manieren und einen korrekten Umgang, zeigen ab und zu aber auch überraschend exzentrische Seiten. Im Grunde sind sie jedoch artige Wesen, die brav ausführen, was man von ihnen erwartet. Man tut allerdings gut daran, Hörner und Hufe einer Ziege gut zu beobachten, damit man schnell genug ausweichen kann, wenn man den Bogen überspannt hat.

Der Affe als Jahresherrscher

Nach dem doch etwas anstrengenden Jahr der Ziege tut die neue Lockerheit unter dem Jahresregenten Affen richtig gut. Das Leben zeigt sich wieder von seiner angenehmen Seite. Im Jahr des Affen geht es gesellig und fröhlich zu, da ist zumindest die Chance recht groß, dass einem so schnell nicht langweilig wird.

Affe-Jahre bergen oft ein wahres Feuerwerk an nebeneinander-, übereinander- und durcheinanderlaufenden Projekten. Mit Ideenreichtum und Flexibilität hat man da gute Karten, auf seine Kosten zu kommen. Nur allzu ernst nehmen sollte man die Dinge nicht, mit denen einen das Affe-Jahr konfrontiert. Und nicht zu sehr auf Regeln beharren. Wer die Dinge neugierig begrüßt und mit einer gewissen Sorglosigkeit behandelt, wird dagegen kaum ernste Probleme bekommen.

In beruflicher Hinsicht sind Affe-Jahre oft Zeiten, in denen man andere gut für die eigenen Ziele einspannen kann –

sofern man nicht von ihnen eingespannt wird. Wogegen grundsätzlich nichts einzuwenden ist, denn bekanntlich wäscht ja eine Hand die andere.

In Affe-Jahren sollte man allerdings nicht zu sehr auf Handschlagqualitäten vertrauen. Die haben in diesem Jahr recht wenig Gewicht. Zudem treten darüber hinaus eine gewisse Oberflächlichkeit und Selbstverliebtheit auf den Plan. Die Frage nach dem Sein hinter dem Schein kann gerade in vom Affen regierten Jahren nichts schaden.

Im Jahr des Affen Geborene sind vielseitige, neugierige und ideenreiche Menschen, denen kaum etwas so schwer fällt wie still zu sitzen. Ihr größtes Problem besteht darin, dass das Leben viel zu kurz ist, um alles ausprobieren zu können.

Ihr größter Fehler liegt in dem Umstand begründet, dass Dichtung und Wahrheit bei ihnen manchmal etwas durcheinandergehen. Das passiert oft noch nicht einmal mit böser Absicht. Schließlich wollen sie ihr Gegenüber auf keinen Fall langweilen.

Der Hahn als Jahresherrscher

Das Jahr des Hahnes ist zwar kein solches Glücksjahr wie das des Drachen, in dem wirtschaftliche Dinge einfach gelingen müssen. Doch wer seine Finanzen sanieren muss, kann dies unter der Jahresregentschaft des Hahns durchaus probieren: und zwar mit größter Sparsamkeit.

Der Hahn gilt zwar als stolz und eitel, seine Finanzen hat er aber durchaus im Griff. Das kommt von der Übersicht, die sich nicht nur im Hühnerstall, sondern auch im täglichen Leben unter seiner Herrschaft einstellt.

Darüber hinaus sind Jahre des Hahns ungemein gut geeignet für alles, was Genauigkeit bis hin zu einer gewissen Pedanterie erfordert. Die Qualitäten des Hahns sind Ordnung – auch die der Gedanken –, Intelligenz und Zielstrebigkeit. Dadurch lassen sich in diesen Jahren Fehlentwicklungen mit Hilfe von Logik und Intellekt korrigieren; ganz nach dem Motto „Schluss mit lustig".

Die vom Hahn verkörperte Ordnung lässt sich aber nicht nur beruflich oder in der Politik nutzen, sondern ebenso gut im Privatleben. Daher wird eine Ehe, die unter Bedacht im Jahr des Hahns geschlossen wurde und sich an einer gewissen Ordnung zwischen den Partnern orientiert, sehr erfolgreich verlaufen, auch wenn der Hahn selbst eher als schwieriger Partner gilt.

Insgesamt sollte man in Jahren des Hahns sorgfältig darauf achten, dass aus Selbstbewusstsein keine Überheblichkeit wird. Zudem besteht die Gefahr, sich in den Fantasiewelten des eigenen Erfolgs zu verlieren.

Im Zeichen des Hahns Geborene sind stolze, selbstbewusste Menschen, die um ihre Intelligenz wissen und dabei die Neigung entwickeln, sich eine Spur zu stark aufzublasen.

Sollten Sie an ein solches Exemplar geraten, können Sie bei ihm ganz leicht die überschüssige Luft rauslassen: Loben Sie den Hahn für das, was er kann, und für das, was er ist. Fühlt er sich von seiner Umgebung geschätzt, legt er nämlich sein aufgeplustertes Ego auch ganz schnell wieder ab und ist sogar gerne bereit, anderen den Vortritt zu lassen.

Der Hund als Jahresherrscher

Die Ordnung, die im Jahr des Hahns hoffentlich Einzug gehalten hat, erhält im Jahr des Hundes noch einmal eine ganz besondere Gestalt: Sie wird um den Aspekt der Gerechtigkeit ergänzt und umgeformt.

Damit sind Hund-Jahre in aller Regel sehr spannende Jahre, in denen die Chancen gut stehen, dass positive Entwicklungen eine Fortsetzung erfahren. Allerdings können nicht alle Tierzeichen dieses Jahr gleich gut nutzen. Für Büffel stehen die Zeichen aber besonders günstig und Ratten, Tiger, Hasen, Hähne und Hunde profitieren ebenfalls sehr.

Grundsätzlich gilt: Wenn es seit Längerem etwas gibt, das im Sinne der Gerechtigkeit auszugleichen ist, dann sollten Sie es in diesem Jahr versuchen. Sei es, dass eine bereits endlos anstehende Beförderung nun tatsächlich stattfindet, sei es, dass eine alte (moralische oder finanzielle) Schuld beglichen oder die Auswirkungen eines fehlerhaften Verhaltens aus der Welt geschafft werden.

Doch ähnlich wie die Friedensliebe der Ziege ist auch das Gerechtigkeitsempfinden des Hundes nicht ohne Schatten. Denn Gerechtigkeit ist nun einmal keine objektive Angelegenheit, die jeder gleich empfindet. Und so verbeißen sich viele Menschen gerade im Jahr des Hundes oft in eine Idee und werden zu selbstgerechten Rächern, die mehr Schaden anrichten, als sie Gutes tun.

In Hund-Jahren besteht die Gefahr, dass aus dem Bedürfnis nach Loyalität Kontrollsucht wird und Prinzipientreue zu Besserwisserei mutiert. Zudem kann die Bereitschaft zur Gefolgschaft in Unterwürfigkeit enden.

Im Zeichen des Hundes geborene Menschen sind aufrichtig, treu und loyal. Selten erheben sie einen Führungsanspruch, haben allerdings hohe Verhaltensmaßstäbe, die sie an sich und andere anlegen. Da der Hund in aller Regel jedoch eine angenehme, ruhige Ausstrahlung besitzt, ist er bei vielen beliebt.

Das Schwein als Jahresherrscher

Im Jahr des Schweins ist Ehrlichkeit angesagt. In diesem Jahr wird weder getrickst noch betrogen. „Was es hat, das wiegt es" ist das Motto dieses Jahres und daher geht es in dieser Zeit um nichts anderes als um ehrliche Arbeit.

Wohlgemerkt: um ehrliche Arbeit – nicht unbedingt um harte. Vom Schwein regierte Jahre sind daher auch bestens dazu geeignet, bereits erarbeitete Erfolge zu konsolidieren und ihnen damit so etwas wie eine nachhaltige Wirkung zu verleihen.

Wer es in seinem Umfeld mit Intriganten oder Betrügern zu tun hat, der bekommt im Jahr des Schweins gute Chancen, diese Menschen auflaufen zu lassen. Selbst sollte man keinesfalls zur List greifen, was beispielsweise Ratten gar nicht so leicht fällt. Da das Schwein Konversation liebt, stehen in den von ihm regierten Jahren auch die Chancen ähnlich gut wie in Hase-Jahren, lang andauernde Konflikte durch Gespräche aus der Welt zu schaffen.

Der wohlmöglich einzige Wermutstropfen im Schwein-Jahr liegt in der Tatsache begründet, dass Emotionen relativ dicht unter der Oberfläche ruhen. Mit dem einen oder anderen Zornesausbruch muss man also trotz aller Harmoniebereitschaft rechnen. Das liegt letztlich an der Offenheit und Gradlinigkeit, die mit dem Schwein ins tägliche Leben Einzug halten.

In Schwein-Jahren sollte man zusätzlich darauf achten, nicht zu viel von sich preiszugeben, weil die Gesprächsbereitschaft der Mitmenschen ab und zu in Tratscherei ausartet. Außerdem ist zu beachten, dass die Einsatzbereitschaft für die Allgemeinheit nicht in einer Opferrolle endet und man auf dem Altar der Nächstenliebe geschlachtet wird.

Im Jahr des Schweins geborene Menschen sind gradlinig und ehrlich. Sie arbeiten hart, denn ein gewisser Wohlstand ist ihnen wichtig. Gleichzeitig sind sie aber auch sehr freizügig, weil sie andere gerne an ihrem Besitz teilhaben lassen.

Obwohl Schweine sehr kommunikativ sind, scheuen sie oft Diskussionen. In ihnen fühlen sie sich erstaunlich hilflos und verletzlich.

Die Monatsregenten

Nicht allein die Jahre, auch die Monate werden den zwölf Tieren des chinesischen Tierkreises zugeordnet.

Die Reihenfolge der Tiere, die den jeweiligen Monat beherrschen, ist die gleiche wie die der Jahresregenten. Der Reigen startet zum Zeitpunkt der Wintersonnenwende mitten im 11. Monat, dem Monat der Ratte. Von diesem Zeitpunkt aus wird auch das chinesische Neujahrsfest berechnet (siehe oben Seite 37). Und wie das chinesische Neujahrsfest liegt auch der Beginn des ersten Monats im Frühling:

Berechnet werden die Monatsregenten allerdings nicht nach dem Linisolarkalender wie das chinesische Neujahrsfest, sondern nach dem traditionellen chinesischen Bauernkalen-

Tabelle 6: Chinesischer Monatsregent und europäische Tierkreiszeichen

Monatsregent	Datum	Überschneidung mit dem europäischen Tierkreis
Ratte	07. 12. bis 05. 01.	Schütze/Steinbock
Büffel	06. 01. bis 03. 02.	Steinbock/Wassermann
Tiger	04. 02. bis 04. 03.	Wassermann/Fische
Hase	05. 03. bis 04. 04.	Fische/Widder
Drache	05. 04. bis 05. 05.	Widder/Stier
Schlange	06. 05. bis 05. 06.	Stier/Zwillinge
Pferd	06. 06. bis 06. 07.	Zwillinge/Krebs
Ziege	07. 07. bis 06. 08.	Krebs/Löwe
Affe	07. 08. bis 07. 09.	Löwe/Jungfrau
Hahn	08. 09. bis 07. 10.	Jungfrau/Waage
Hund	08. 10. bis 06. 11.	Waage/Skorpion
Schwein	07. 11. bis 06. 12.	Skorpion/Schütze

der. Als erster Monat gilt der Monat des Tigers, der am 4., manchmal auch 5. Februar im chinesischen Bauernkalender beginnt, also mit dem Frühlingsanfang (siehe Tabelle 4 ab Seite 35).

Es bietet sich an, nun eine Gegenüberstellung von westlichen mit chinesischen Tierkreiszeichen zu versuchen, wie in Tabelle 6 vorgenommen. Diese ist jedoch nur bedingt sinnvoll. Denn erstens bestehen zeitliche Abweichungen von ziemlich genau einem halben Monat (und wir hätten gewisse Schwierigkeiten damit, zu begründen, warum zwischen Vertretern eines einzigen europäischen Tierkreiszeichens [zum Beispiel des Wassermanns] so große Unterschiede bestehen sollten wie zwischen zwei chinesischen Monatsregenten [in unserem Beispiel Büffel und Tiger]), und zweitens kann diese Parallelisierung nur auf jener Ebene erfolgen, auf der die chinesischen

Tierkreiszeichen als Monatsregenten wirksam werden – auf der Ebene der Lernaufgaben. Das lässt sich aber kaum mit dem Verständnis des Sonnenzeichens in der westlichen Astrologie verbinden, wo die Frage, ob wir Schütze oder Zwillinge sind, unsere mitgebrachte Handlungsanweisung bestimmt.

Die Wirksamkeit des Monatsregenten ist jener des Jahresregenten im chinesischen Horoskop deutlich untergeordnet. Er modifiziert nach chinesischer Vorstellung den Einfluss des Jahresregenten und färbt vor allem die Ausrichtung des Willens und die Lernaufgaben des Menschen.

Daher ist es keine einfache Wiederholung der oben beschriebenen Auswirkungen der Jahresregenten, wenn im Folgenden die Art und Weise zusammengefasst wird, in der die zwölf Tiere als Monatsregenten auf die in ihrem Herrschaftszeitraum geborenen Menschen einwirken. Den gleichen Einfluss üben sie auf einer etwas anderen Ebene auch auf Ereignisse und deren Entwicklung aus, die in der Zeit ihrer Herrschaft stattfinden – und auf dieser Basis bestimmen chinesische Astrologen für wichtige Ereignisse den richtigen Zeitpunkt.

Im Monat der Ratte

Die Ratte unterstützt aktives Streben und ehrgeizige Ziele. Gefühle treten bei Menschen, die in einem Ratte-Monat geboren sind, eher in den Hintergrund, während Willenskraft und Intellekt eine wichtige Rolle spielen. Diese Energie mag bei manchen Charakteren eine willkommene Ergänzung sein, die ihnen das Rückgrat stärken kann. Bei Ratten zum Beispiel ist sie jedoch eher gefährlich, denn es verschärft ihre Tendenz, sich emotional abzukapseln.

Im Monat des Büffels

Der Büffel verleiht den Menschen, die in seinem Monat geboren sind, Beständigkeit und Durchsetzungsvermögen und dazu die Kraft, zu ihren eigenen Ideen und persönlichen Zielen zu stehen. Das kann labilen Charakteren guttun, bei anderen führt es zu Anflügen von Herrschsucht oder auch Starrsinn. Wichtig ist für Menschen, die im Monat des Büffels geboren sind, dass sie sich bemühen, auch seelische Belange ernst zu nehmen.

Im Monat des Tigers

Unter Tiger-Einfluss kommt das Gefühl stärker zum Tragen und wird insbesondere mit dem Verstand verbunden. Herzlichkeit und Wärme ist die Folge, Rücksichtnahme auf die Gefühle anderer wird verstärkt. Menschen, die in einem Tiger-Monat geboren sind, sollten darauf achten, dass sie nicht zu subjektiv urteilen und handeln.

Im Monat des Hasen

Auch den Menschen, die in seinem Monat geboren sind, verleiht der Hase ein ausgeprägtes Harmoniestreben. Das wirkt sich bei vielen positiv aus, und sie sind meist fähig, sehr gut mit anderen Menschen umzugehen.

Bei eher zurückhaltenden Charakteren kann es dazu führen, dass ihr Harmoniebedürfnis in störender Weise die Oberhand gewinnt. Diese Menschen sollten ab und zu daran denken, dass andere sehr gern einmal streiten, um eine Sache ein für allemal zu klären und aus der Welt zu schaffen und einfach die Atmosphäre zu reinigen.

Im Monat des Drachen

Der Drache verleiht den Menschen, die in seinem Monat geboren sind, Erfindungsgeist und Originalität. Wenn sie darauf achten, diese Fähigkeit zum Positiven einzusetzen und nicht nur für egoistische Ziele, können sie die Welt durch diese Gabe nur bereichern.

Im Monat der Schlange

Willenskraft und Stärke sind die Attribute der in einem Schlangen-Monat Geborenen. Und je nach ihrem Grundcharakter kann das den Menschen sehr guttun oder auch eine eigene Tendenz zu Starrsinn verstärken. Alle sollten sich darauf beschränken, diese Willenskraft zum Kehren vor der eigenen Tür einzusetzen und mit ihrer Stärke die eigenen Schwächen, nicht aber die Freiheit ihres Gegenübers zu bekämpfen.

Im Monat des Pferdes

Die Abenteuerlust des Pferdes wirkt sich bei Menschen, die in einem von ihm beherrschten Monat geboren sind, dahingehend aus, dass sie mutig und freudig an ihre Aufgaben herangehen – und sie natürlich auch viel leichter als andere bewältigen. Wenn sie nicht vergessen, diese Fähigkeit auch zum Arbeiten an ihrer eigenen geistig-seelischen Entwicklung einzusetzen, kann nicht viel schief gehen.

Im Monat der Ziege

In einem Monat der Ziege Geborene besitzen meist einen praktischen Sinn für das Machbare. Diese Eigenschaft bewahrt sie vor allzu waghalsigen geistigen Höhenflügen, bei denen sie den praktischen Bezug ihres Tun aus den Augen verlieren. Ihre theoretischen Erkenntnisse sollten diese Menschen allerdings nicht für sich behalten, sondern in die Praxis umsetzen – zum Wohle aller.

Im Monat des Affen

Menschen, die in einem Affen-Monat geboren sind, sind meist von Wissensdurst und Streben nach Erkenntnis gekennzeichnet. Die Neugier des Affen kommt hier also positiv zum Tragen, kann aber bei Affen und Schweinen zu Übertreibungen führen. Solange sie aber auch die Erkenntnis des eigenen Wesens zum Ziel hat, ist kein anderer verletzt.

Im Monat des Hahns

In einem Hahn-Monat Geborene besitzen einen klaren analytischen Verstand und sind daher in der Lage, komplexe Probleme gründlich und gewissenhaft zu analysieren. Beim Zusammenfügen der einzelnen Ergebnisse haben sie schon eher Schwierigkeiten.

Wenn sie mit dem Analysieren bei sich selbst anfangen und ganzheitliches Denken nicht vergessen, können sie anderen wertvolle Hilfe leisten.

Im Monat des Hundes

„Der Klügere gibt nach", das ist das Motto der Menschen, die in einem Hunde-Monat geboren sind. Auch wenn es ihnen schwerfällt, so sollten sie dabei nicht vor lauter Nachgeben wichtige eigene Belange aus den Augen verlieren, sondern sich selbst treu bleiben.

Im Monat des Schweins

Wer in einem Schwein-Monat geboren wurde, dem ist Wahrheitsstreben und Aufrichtigkeit bei der Erkenntnis selbstverständlich. Wichtig ist, dass diese Menschen die Grenze zwischen Wahrheit und Neugier nicht überschreiten, um nicht als taktlos zu gelten.

Die Stundenregenten

So wie sich der Zyklus des Tierkreises durch zwölf Jahre dreht, und so wie er seine Entsprechung in den zwölf Monaten eines Jahres findet, so dreht er sich auch durch den Tag, wobei jeweils zwei Stunden des Tages von einem Tier regiert werden.

Tabelle 7: Die chinesischen Stundenregenten

Ratte	23.00 bis 0.59 Uhr
Büffel	1.00 bis 2.59 Uhr
Tiger	3.00 bis 4.59 Uhr
Hase	5.00 bis 6.59 Uhr
Drache	7.00 bis 8.59 Uhr
Schlange	9.00 bis 10.59 Uhr
Pferd	11.00 bis 12.59 Uhr
Ziege	13.00 bis 14.59 Uhr
Affe	15.00 bis 16.59 Uhr
Hahn	17.00 bis 18.59 Uhr
Hund	19.00 bis 20.59 Uhr
Schwein	21.00 bis 22.59 Uhr

Alle Zeitangaben in MEZ.

Der Regent der Geburtsstunde modifiziert wiederum den Jahresregenten und den Monatsregenten. Während der Jahresregent die grundsätzliche Ausprägung des Charakters und der Monatsregent die Ausrichtung des Willens prägt, so bringt der Stundenregent über die Geburtsstunde die Ausrichtung der Gefühle ins Spiel.

Diese Uhrzeiten in Tabelle 7 gelten für die mitteleuropäische Zeit. Rechnen Sie also gegebenenfalls erst von der Sommerzeit auf Winterzeit zurück, ehe Sie Ihre Geburtsstunde in der Tabelle aufsuchen.

In der Stunde der Ratte

Ästhetisches Feingefühl zwischen Luxus und gutem Geschmack – das spiegelt den Einfluss der Ratte auf diejenigen, die in ihrer Doppelstunde geboren sind. Was daraus wird, hängt ganz von den allgemeinen Anlagen ab. Möglicherweise wird es teuer, möglicherweise wird es auch maßlos, aber sicher nicht abstoßend.

In der Stunde des Büffels

Innere Ruhe zwischen Starrsinn und Gelassenheit – so könnte man den Einfluss des Büffels auf all die bezeichnen, die in seiner Doppelstunde geboren sind. Flatterhaften Wesen tut das sehr gut, bei Büffeln ist es möglicherweise zu viel des Guten. Hektisches Hin- und Herschwanken ist nicht angesagt.

In der Stunde des Tigers

Spirituelle Tiefe zwischen Religion und Metaphysik – der Tiger sorgt bei den in seiner Doppelstunde Geborenen für ein aktives Seelenleben. Oberflächlichkeit ist hier kein Thema – im Gegenteil!

In der Stunde des Hasen

Soziale Intelligenz zwischen Kommunikationsfähigkeit und Harmoniebedürfnis – unter dem Einfluss des Hasen werden zwischen 5 und 7 Uhr morgens Geborene eher auf andere zugehen als sich abkapseln, eher das Gefühl haben, dass Brücken bessere Verbindungen zwischen Menschen und Ansichten schaffen als Raketen.

In der Stunde des Drachen

Machtbewusstsein zwischen Selbstvertrauen und Herrschaftsanspruch – es kommt ganz auf die allgemeinen Anlagen an, wie sich der Einfluss des Drachen auf das Gefühlsleben der in seiner Doppelstunde Geborenen äußert. Zaghaft in der Ecke stehen und ihr Licht unter den Scheffel stellen werden sie vermutlich nicht.

In der Stunde der Schlange

Künstlerisches Empfinden zwischen tieferer Weltsicht und Ästhetik – eine Schlange mag es kompliziert, und auch die in ihrer Zeit am Vormittag Geborenen sehen die Welt nicht einfach mit den Augen des platten Materialisten. Zusammenhänge und Strukturen zu erkennen und zu berücksichtigen, ist ihnen ein Leichtes – sehr zur Verblüffung anderer.

In der Stunde des Pferdes

Selbstkontrolle zwischen Begeisterung und Beherrschung – das Pferd gibt den in seiner Doppelstunde Geborenen den dosierten Umgang mit der eigenen Energie mit auf den Weg. Und das kann auch zu positivem Überschwang führen. Keine Zeit für unentschiedene Langeweiler.

In der Stunde der Ziege

Liebe zwischen Selbstaufgabe und Happy End – Oberflächlichkeit und Desinteresse ist bei denen, die in der Doppelstunde der Ziege geboren sind, nicht angesagt. Eher schon persönliche Betroffenheit durch Mitleiden beim Umgang mit anderen.

In der Stunde des Affen

Unruhe zwischen Neugier und Interesse – wer zwischen 3 und 5 Uhr nachmittags geboren ist, der geht offen an die Welt heran. Teilnahmslos in der Ecke sitzen und die Dinge passiv auf sich zukommen zu lassen, ist nicht seins – eher verbrennt er sich einmal die Finger.

In der Stunde des Hahns

Selbsterkenntnis zwischen Egozentrik und Analyse – der Hahn sorgt bei denen, die in seiner Doppelstunde geboren sind, für das Streben nach einem scharfen, präzisen Selbst- und Weltbild. Verschmutzte Objektive gibt es hier selten, eher schon den klassischen Sprachfehler: Das einzige bekannte persönliche Fürwort ist „Ich“.

In der Stunde des Hundes

Sensibilität zwischen Zuhören und Treue – in der Doppelstunde des Hundes Geborene gehen mit offenen Ohren durch die Welt und an ihre Umgebung heran. Oberflächliche Ignoranten finden sich in dieser Gruppe nicht, eher schon hingebungsvolle Anhängsel.

In der Stunde des Schweins

Daseinsfreude zwischen Toleranz und Neustart – wer in der Doppelstunde des Schweins geboren ist, fällt immer wieder auf die Füße und versucht mit neuem Optimismus, seinen Platz in der Welt zu finden. Schwein-Stunden sind keine Zeit für missmutige Sauertöpfe.

Die Harmonie der Elemente

In unserem hellenistisch-europäischen Kulturkreis beherrschen vier Elemente das Denken und die Symbolik der Alchemisten: Feuer, Wasser, Erde und Luft. Diese Vierzahl ist in unserer Kultur so stark verankert, dass die Vier zum Symbol der physischen Welt schlechthin wurde (im Unterschied zur Drei, die für die Dreieinigkeit und damit die Welt der Gottheit steht). Es gibt vier Tageszeiten, vier Jahreszeiten, vier Himmelsrichtungen und so weiter und wir können uns kaum etwas anderes vorstellen.

In der chinesischen Kultur spielt die Fünfzahl eine ähnlich große Rolle wie bei uns die Vier: Es gibt fünf Richtungen (Nord, Süd, Ost, West, Mitte), fünf Töne (denken Sie an die Musik der Pentatonik), fünf Geschmacksrichtungen (süß, sauer, salzig, bitter, scharf) und so weiter.

Nach chinesischer Lehre gibt es folglich auch fünf Elemente: Wasser, Holz, Feuer, Erde und Metall. Von deren ursprünglichem Zusammenhang mit den fünf Planeten Venus, Mars, Jupiter, Saturn und Merkur war bereits die Rede.

Diese fünf Elemente beherrschen die Mondjahre, und zwar

jedes immer zwei aufeinanderfolgende Jahre lang, zunächst in einer Yang-Ausprägung, dann in einer Yin-Ausprägung. So kommt es nur alle 60 Jahre zu einer genau gleichen Kombination von Element und Tier.

Dieser 60-Jahres-Zyklus entspricht einem Lebensalter oder zwei Generationen. Und dies deckt sich durchaus mit unserer westlichen Erfahrung, dass Begabungen häufig eine Generation überspringen. Oft heißt es, jemand habe diesen oder jenen Charakterzug von seinem Großvater geerbt, oder ein Mädchen sei seiner Großmutter viel ähnlicher als seiner Mutter.

Versucht man nun zu verstehen, wie die Elemente auf das Wesen der Menschen wirken, so darf man nicht vom Bild des großen Suppentopfes ausgehen, in welchem mit einer großen Portion Ratte, einem Esslöffel Feuer, einem Teelöffel Ziege und einer Prise Hund ein Ganzes gebraut wird. Nicht additiv wirken die Elemente auf die das Jahr regierenden Tierkreiszeichen, sondern modifizierend, also mildernd oder verstärkend, je nachdem, welche Eigenschaften das Tier „vorgibt".

Die Geradlinigkeit eines Schweins wird also durch das Element Erde, das Beständigkeit verleiht, zu besonders großer Charakterfestigkeit verstärkt, auf die Beständigkeit des Büffels hingegen kann sich der Einfluss des Elements Erde in Form von Sturheit niederschlagen. Und vielleicht erklärt ja das Element, warum sich ein 1933 geborener (Wasser-)Hahn bei allen Gemeinsamkeiten so stark von seinem 1957 geborenen (Feuer-)Hahnenkind unterscheidet.

Metall

金

Symbol für Vergänglichkeit

Unter Metall-Einfluss geborene Menschen sind stark und charakterfest, haben klare Ziele und sind in der Lage, höchste Energien zu mobilisieren, um diese zu erreichen. Positiver Metall-Einfluss macht sich in Form von Energie, Strebsamkeit und Ausdauer bemerkbar, negativer Metall-Einfluss führt zu Starrheit beim Festhalten an gewonnenen Erkenntnissen, möglicherweise auch zu übertriebenem Machtstreben. Unter zu großer Belastung bricht Metall aber leicht.

Legt man nun noch den Yin-Yang-Rhythmus über die Eigenschaften des Metalls, dann erkennt man unter dem Vorzeichen Yang das Metall, das Materie zu durchtrennen in der Lage ist. Unter dem Vorzeichen Yin verliert es seine Struktur und zerfällt so, als würde es verrosten.

Das heißt nun aber nicht, dass Yang immer positiv ist, während Yin immer negativ wirkt. Eine frisch geschliffene Pflugschar (Yang) zerpflügt den Boden und schafft Voraussetzungen für neues Leben, was zweifellos positiv ist. Als Waffe verwendet, spaltet das Metall unter dem gleichen Prinzip des Yang auch Körper und bringt damit den Tod.

Eine alte, verrostete Pflugschar (Yin) zerbricht, sobald sie auf einen Stein trifft. Das klingt nicht gerade positiv. Aber was passiert danach? Die Metallstücke zerfallen unter dem Einfluss von Rost gänzlich, wodurch der Erde die ihr ursprünglich entzogenen Minerale wiedergegeben werden und damit der ewige Zyklus von Geburt und Tod neu beginnt. Man sieht, es kommt immer auf den Standpunkt an, ob etwas positiv oder negativ wirkt. Und das ist ja die Kernbotschaft fernöstlicher Philosophie: Die Polarität von Tod und Leben beschreibt zwei Seiten eines Umstandes, der den ewigen Zyklus von Geburt, Tod und Wiedergeburt erst möglich macht.

Unter Metall-Einfluss Geborene sollten daran denken, dass Metall zu Pflugscharen, aber auch zu Schwertern geschmiedet werden kann.

Wasser

水

Symbol für Nachgiebigkeit, die formt

Wasser ist das passive Element, das sich in aller Regel ruhig in seinem Bett bewegt und Hindernissen aus dem Weg geht, indem es sie locker umfließt. Gleichzeitig ist Wasser aber auch die mächtigste formende Kraft dieser Erde. Auch der härteste Stein kann sich durch die Jahrtausende hindurch nicht der gleichförmigen, formenden Kraft des Wassers entziehen. Und tritt es einmal aus seinen Ufern, dann beseitigt es auch innerhalb kürzester Zeit jedes Hindernis, das sich ihm in den Weg stellt.

Wasser ist der Inbegriff des Lebens. Ohne Wasser verdörrt die Erde, ohne Wasser nimmt das Metall nicht die gewünschte Form und Härte an. Es begrenzt sogar die vernichtende Kraft des Feuers.

Wasser in seiner Yang-Ausprägung fördert die Fruchtbarkeit der Erde und formt auf seine sanfte Art die Umgebung, es reißt aber auch Hindernisse nieder und bahnt sich eigensinnig seinen Weg. Wasser in der Yin-Form verbindet sich mit der Erde zu Morast, in dem alles versinkt. Aber auch aus diesem Morast entsteht am Ende wieder neues Leben, in dem er Bakterien nährt und wie der Nilschlamm Fruchtbarkeit in neue Gegenden transportiert.

Wasser verleiht demjenigen, der unter seinem Einfluss steht, Selbstvertrauen und innere Ruhe, aus der Kraft entsteht. Die Folgen sind verbesserte Kommunikation und ein gutes Gespür für die Natur und den Lauf der Dinge. Wer unter Wasser-Einfluss geboren ist, sollte allerdings daran denken, dass es gefährlich ist, sich nur treiben zu lassen – Stromschnellen tun dann besonders weh.

Holz

木

Symbol für Wachstum und Leben.

Holz tritt in so vielen verschiedenen Formen auf: als Baum mit Ästen und Wurzeln, als Baumaterial und als Nahrung für das Feuer. Holz schenkt uns durch den Stoffwechsel des Baumes die Luft zum Atmen. Es gibt uns gemeinsam mit dem Feuer Wärme und schenkt uns ein Dach über dem Kopf und den Tieren in der Natur einen Unterschlupf. Es schützt uns vor der Hitze der Sonne und vor der Kälte des Schnees. Im Dickicht des Waldes können wir Zuflucht finden, uns aber auch verirren.

Holz in seiner Yang-Ausprägung gibt den Dingen eine Form, sei es als Bauholz, sei es als Stab eines Speeres. Als Stock schenkt es Halt. Und durch sein Wachsen fördert es das Reifen der verborgenen Kräfte im Menschen. In seiner Yin-Ausprägung wird es spröde und zerbirst oder es beginnt zu verrotten und verliert so ebenso seine Form.

Holz verstärkt Eigenschaften und Wertsetzungen, die im Unterbewusstsein des Menschen schlummern, und bildet damit den Gegenpol zu Metall, das diese Kräfte vergehen lässt, sofern sie nicht bewusst gepflegt werden.

Sein Einfluss kann dazu führen, dass Menschen im Laufe ihrer Entwicklung mehrfach ihre Ansichten und ihr Weltbild ändern. Meist aber stehen sie fest wie ein Baum in der Erde, können Ideen vermitteln und sinnvoll umsetzen. Selten stehen sie auf einsamem Posten, meist schafft ihnen ihre Überzeugungskraft Verbündete. Die Gefahr: Wenn sie die Dinge auf die Spitze treiben, überfordern sie ihre Wurzeln oder ihren Stamm – und das kann auf keinen Fall gut gehen.

Feuer

Symbol für Energie und Umwandlung.

Das Feuer ist das am unmittelbarsten formende Element. Es ist der Mittler zwischen den geistigen Kräften des Universums und den materiellen der Erde. Unter dem Einfluss von Feuer wird aus Eis Wasser und aus Wasser Wasserdampf. Metall verbiegt sich und wird flüssig, die Erde verglüht. Doch sind nicht die Buschbrände ein Garant für die Fruchtbarkeit der Gebiete, in denen sie stattfinden? Schaffen sie nicht die Grundlage für neues Wachstum und anhaltende Fruchtbarkeit? Viele Dinge verzehrt das Feuer, aber es wärmt auch und schenkt uns Nahrung und Sicherheit.

Feuer im Yang lässt die Dinge hell auflodern, es transformiert und reinigt, es vernichtet aber auch, wenn es zu stark entfacht wird. Feuer im Yin lässt die Nahrung besser verträglich werden, es wärmt, aber es erzeugt auch giftige Gase, die uns die Luft zum Atmen nehmen.

Genauso verwandelt oder verstärkt das aktive Element Feuer, das Symbol für Energie, auch die Eigenschaften der Menschen, die unter seinem Einfluss stehen. Es sorgt dafür, dass Entscheidungen schneller fallen, dass jemand rascher reagiert.

Der Energieschub des Feuers ist aber nicht ungefährlich. Es beschleunigt das Leben, lässt die Menschen für ihre Ideale und ihr Tun brennen – es führt letztendlich zu Burn-out, Krankheit und Tod.

Grundsätzlich sollten Feuer-Menschen sehr bewusst immer wieder den Sinn ihres Handelns hinterfragen, ehe sie in wilden Aktionismus ausbrechen. Risikobereitschaft gehört zu ihren Eigenschaften, über Traditionen setzen sie sich leicht hinweg, die Gefahr rücksichtslosen Zerstörens ist groß.

Erde

土

Symbol für Beständigkeit.

Die Erde ist unsere Mutter. Aus ihrem Staub wurden wir geschaffen und zu ihrem Staub kehren wir zurück. Erde ist der Garant für das Leben auf ihr. Sie schenkt uns die Nahrung, gibt uns und allem anderen Leben auf diesem Planenten eine Heimat. Erde im Yang lässt die Pflanzen wachsen und ernährt nicht nur sie, sondern damit auch uns. Sie schenkt uns ihre Bodenschätze, nimmt, so gut sie kann, Wasser auf und trägt das Holz. Erde im Yang kann aber auch in Bewegung geraten, sie kann beben und unter sich alles begraben. Im Yin wird die Erde staubig und beherbergt den Tod. Im Schlamm der Erde versinken wir, bis wir uns nicht mehr rühren können, und ersticken.

Menschen, die unter dem Einfluss des Elements Erde stehen, können fruchtbare Charaktere sein, die alles um sich herum zum Blühen bringen. Sie sind pragmatisch und setzen ihre Energien sparsam, aber wirkungsvoll ein. Auf sprunghafte Charaktere hat das einen stabilisierenden Einfluss. Aber auch die Stabilität hat ihre Schattenseiten. Wirkt sie zu stark perfektioniert, erstirbt jede Bewegung. Es herrscht Stillstand, der keinen Fortschritt mehr zulässt.

Bei aller Zuverlässigkeit, Gründlichkeit und bei allem Realitätssinn sollten sich Menschen mit dem Element Erde immer wieder fragen, ob sie noch beweglich genug sind, um Spontaneität und Kreativität zulassen zu können. Denn übertriebenes Sicherheitsdenken führt letztlich zu Verbohrtheit.

Der Hahn

Prinzip: passiv, Yin
Glückszahl: 5
Farbe: Hellgrün
Symbol: Glück
Wesen des Hahn-Jahres: Gute Ernten auf dem Feld und im Geschäft

Der Charakter

Um den Charakter des Hahn-Geborenen zu verstehen, sollte man sich zunächst mit der Symbolik beschäftigen. „Vielen geht er ganz schön auf die Nerven, wenn er frühmorgens mit seinem Krähen den geruhsamen Schlaf rapide beendet. Andere wiederum atmen auf, denn sie wissen, wenn der Hahn kräht, geht die Sonne auf und die dunklen Gedanken gehören der Vergangenheit an", heißt es im Symbole-Lexikon.
Und weiter: „Wegen seines Naheverhältnisses zum anbrechenden Tag symbolisiert das Sonnentier Hahn die Überwindung der Finsternis. Außerdem steht er für Wachsamkeit. Natürlich ist der Hahn dank seines starken Fortpflanzungstriebes auch ein Zeichen für Fruchtbarkeit. Und wer kennt nicht den Ausspruch ‚eitler Gockel'? Dieser deutet auf den Stolz des Hahnes hin, auf seinen aufrechten Gang und sein übersteigertes männli-

ches Verhalten, das sich oftmals auch in Aggressivität und Kampfeslust zeigt. Außerdem ist er wegen seines roten Kammes und seines schillernden Federkleides ein Sinnbild für das Feuer und die Sonne."

Fassen wir also noch einmal zusammen: Überwindung der Finsternis, Neuanfang und Fruchtbarkeit, aber auch Wachsamkeit, Stolz und Kampfeslust sind die Zuschreibungen unserer Kultur zum Herrn im Hühnerstall. Aber wie sehen die Chinesen dieses Wesen? Im Grunde nicht viel anders als wir. Wobei sie neben den bereits aufgezählten Eigenschaften dem Hahn auch noch eine gute Beobachtungsgabe gepaart mit guten analytischen Fähigkeiten bescheinigen, weshalb er in allen Lebenslagen den Überblick behält.

Hähne sind Yin

Der Hahn ist ein Tier, das unter dem regierenden Einfluss der weiblichen Yin-Qualität steht – und so besitzt auch der Hahn-Geborene ganz unabhängig von seinem Geschlecht die Qualitäten kraftvoller Weiblichkeit. Das mag speziell für männliche Hähne merkwürdig klingen, ist es im Grunde aber nicht. Jeder Mensch, egal ob Mann oder Frau, besitzt männliche und weibliche Qualitäten, die je nach individuellem Charakter unterschiedlich stark ausgeformt sind. Bei Hahn-Geborenen sind die weiblichen eindeutig stärker vertreten als die männlichen – und dies in einer besonders kraftvollen Ausprägung. Im täglichen Leben heißt dies, dass diese Menschen einen fürsorglichen, nährenden und anderen Lebewesen zugewandten Charakter besitzen, und dass sie die damit verbundenen Aktivitäten mit außergewöhnlich viel Energie umsetzen.

Speziell im Hahn begegnet einem speziell das geordnete Hauswesen, in dem nichts verschwendet wird, in dem aber alle Mitglieder satt werden und ein schützendes Dach über dem Kopf haben. Dass der Hahn dabei immer der Herr des Hühnerhofes ist, versteht sich dabei von selbst.

Die Glückszahl des Hahns ist die 5, eine Zahl, die für das Erfassen von Zahlen, Daten und Fakten steht. Unsere 5 Sinne sind die Detektoren, um Informationen zu sammeln, Magnete, die auch die kleinsten Details erfassen. 5 Finger an jeder Hand ermöglichen das Zugreifen, 5 Zehen an jedem Fuß ergeben einen differenzierten Stand und lassen den Menschen bei Bedarf ein Stückchen über sich selbst hinauswachsen. Genau diese Qualitäten besitzt auch der Hahn in der chinesischen Interpretation seines Charakters. Informationen nimmt er detailgetreu wahr, verarbeitet sie geistig und sorgt dafür, dass die Ergebnisse seiner Analyse auch in die Tat umgesetzt werden. Dabei steht er stolz und selbstsicher auf dem Boden der Tatsachen und wacht darüber, dass alles nach seinen Vorstellungen passiert.

Hähne sind extreme Gegenwartsmenschen. Sie sind weder in der Vergangenheit verhaftet noch kümmern sie sich stark um die Zukunft. Sie leben im wahrsten Sinne des Wortes im Hier und Jetzt. Das verleiht ihnen eine gewisse Stärke und Bewusstheit für den Augenblick. Wobei es keine Sorglosigkeit und kein mangelndes Gefühl für Konsequenzen ist, die ihn die Zukunft ausblenden lassen. Er ist sehr wohl in der Lage, Auswirkungen seiner Entscheidungen auf künftige Umstände zu berücksichtigen. Seine Aufmerksamkeit gilt jedoch der Gegenwart. Die allein ist für ihn wichtig und in der will er das Gefühl haben, dass alles unter Kontrolle ist und den von ihm gewünschten Gang nimmt. Durch diesen Gegenwartsbezug sind Hähne in aller Regel fröhliche, optimistische Menschen, die sich nicht allzu stark den Kopf darüber zerbrechen, was eventuell schieflaufen könnte.

Die Farbe des Hahns ist Hellgrün, eine Farbe, die an das junge Grün im Frühling erinnert, wenn die Pflanzen die Winterruhe abschütteln und zu wachsen beginnen. Hier sieht man die enge Verbindung zum Hahn als Wächter des Morgengrauen, der an der Schnittstelle zwischen Dunkelheit und Licht den neuen Tag begrüßt. Hellgrün ist die Farbe der Fruchtbarkeit, des jungen Wachstums und des sich abzeichnenden Wohlstandes.

In Jahren des Hasen ergeben sich für den Hahn oft Schwierigkeiten, die ihn zwingen, gewisse innere und äußere Entwicklungsschritte zuzulassen. In Jahren des Schweins, des Hunds und der Ziege gelingt ihm dagegen das meiste, was er anfasst – und zwar auf allen Ebenen. Berufliche Erfolge bringen meist Pferd- und Drachen-Jahre. Besonders in Pferd-Jahren muss der Hahn aber darauf achten, sich nicht so sehr in Äußerlichkeiten zu verlieren, damit hinterher die Kasse noch stimmt. In der Liebe sind für den Hahn vor allem Jahre des Büffels und der Schlange Glück verheißend.

Stärken und Schwächen

Bisher haben wir uns vor allem mit den guten Seiten des Hahns beschäftigt. In aller Regel ist er ein fröhlicher Optimist, der auf die Seinen schaut, die Haushaltskasse in Ordnung hält und durch seine hohen analytischen Fähigkeiten sowohl in beruflicher als auch in zwischenmenschlicher Hinsicht den Überblick behält und daher erfolgreich ist.

Er stellt leicht Kontakt zu anderen Menschen her, nicht zuletzt deshalb, weil er in aller Regel über mehr Informationen verfügt als seine Umgebung. Allerdings kommuniziert er sehr geradeheraus und hält mit seiner Meinung nicht hinterm Berg, was bekanntlich nicht jedermanns Sache ist. Mit seinem klaren analytischen Verstand erkennt er den Kern einer verworrenen

Geschichte, den wahren Grund eines Ausweichens, die Lüge in einer Entschuldigung. Dann kann er nicht anders, als mit seiner Erkenntnis herauszuplatzen. Und solcherart in ein Spiegelbild sehen zu müssen, halten nur wenige Charaktere aus. Daher steht er oft im Ruf, seine Nase in die Angelegenheiten anderer zu stecken, statt sich lieber dem Misthaufen vor der eigenen Tür zuzuwenden. Dieser Vorwurf ist ziemlich ungerecht, denn den hat der Hahn ständig im Auge und bemüht sich um dessen Ordnung.

Doch zurück zu seinem Kommunikationsverhalten. Neben etwas mehr Diplomatie muss der Hahn lernen, seine Lautstärke zu dosieren. Er weiß, dass er ein witziger, humorvoller Zeitgenosse ist. Und da er gerne ein möglichst großes Publikum erreicht, neigt er dazu, lauthals zu krähen. Auch das wissen viele seiner Zeitgenossen nicht unbedingt zu schätzen. Da er jedoch auch über ein gerütteltes Maß Selbstironie verfügt, verzeiht man ihm dann auch wieder schnell.

Schließlich sollte er sich darin üben, seinem Gegenüber mit offenem Herzen zuzuhören. Denn er erfasst in aller Regel das gesprochene Wort sehr detailliert und aufmerksam, vergisst jedoch, dass es auch so etwas wie eine Gefühlsebene gibt, die in so gut wie jedem Gespräch mitschwingt. Und auf dem Beziehungsohr ist der Hahn zunächst einmal taub, es sei denn, er kann parallel zum Gesagten etwas Handfestes beobachten, was ihm entsprechende Schlüsse erlaubt.

Von charakterlichen Schwächen ist da aber weit und breit noch keine Spur. Die treten erst in Erscheinung, wenn der Hahn zum Opfer des eigenen Stolzes wird und sich aufzuplustern beginnt. Exzentrisch, intelligent und voller Selbstvertrauen – wenngleich nicht immer mit gesundem Selbstbewusstsein – geht er seinen Weg und zeigt allen anderen: Hier komme ich!

Erstaunlicherweise schaffen es weibliche Hähne meist recht gut, mit ihren hochgesteckten Zielen zurecht zu kommen. Sie leben sie oft still als innere Folie, vor der sie sich zu verwirklichen trachten. Viele weibliche Hähne sind starke Frauen und durchaus in der Lage, erfolgreich ihren Mann zu stehen. Männliche Hähne dagegen sind exaltierter und oft ziemlich realitätsfremd. Ihre Fantasiewelt spielt ihnen manchmal Streiche. Sie glauben, sie hätten etliches von dem bereits erreicht, was sie sich vorgenommen haben, und verhalten sich entsprechend. Einen Hahn dazu zu bekommen, sich auf sein eigentliches Maß zu besinnen, ist im Grunde sehr leicht: Sie müssen ihn nur loben. Die Reaktion ist wirklich sehenswert. Allerdings macht es ein aufgeblasener Hahn seinen Mitmenschen manchmal recht schwer, anerkennende Worte zu finden ...

Die Gesundheit

So wie der Hahn im Leben allgemein und in der Kommunikation im besonderen Schwierigkeiten hat, das rechte Maß zu finden, so plagt ihn das auch in Bezug auf seinen Körper und seine Ernährung. Hähne essen gerne zu viel, zu süß und damit letztlich zu sauer. Der viele Zucker, den sie den lieben langen Tag vernaschen, übersäuert Magen und Darm und überschwemmt auf Dauer den Körper mit Säure. Stoffwechselerkrankungen wie Rheuma und Gicht, aber auch Nahrungsmittelallergien, Nieren- und Gallensteine oder Polypen in Magen und Darm sind die bösen Folgen. Auch die Leber ist manches Mal in Mitleidenschaft gezogen, was der Hahn ganz besonders ungern wahrhaben will.

Als Erstes sollte ein Hahn, der merkt, dass sein Körper nicht mehr so mitspielt, wie er das gerne hätte, seine Ess- und Trinkgewohnheiten festhalten. Er ist ja ein analytisches Wesen, das gerne Informationen sammelt; warum dann nicht auch solche ihn selber betreffende. Trinkt er tatsächlich pro Tag zwei bis drei Liter Wasser und ungesüßte Kräutertees? Oder holt er sich seine Flüssigkeit über Säfte, Kaffee und Alkohol. Man muss kein Wahrsager sein, um vorauszusagen, dass beim Hahn eher das Zweitgenannte der Fall ist. Ein weiterer kritischer Blick gilt der Ernährung. Hält sich der Hahn tatsächlich an die Nahrungspyramide, deren Basis Ballaststoffe sein sollten? Isst er Obst, Salat und Gemüse? Und beachtet er auch die Regel, dass Rohkost nach 15 Uhr keinen Platz mehr auf dem Teller haben sollte? In aller Regel mögen Hähne Nudeln und Soße lieber als Gemüse und Kartoffeln – allerdings sind sie mit dieser Vorliebe nun wirklich nicht die einzigen des Tierkreises.

Trotzdem sei ihnen ganz besonders das regelmäßige Maßhalten ans Herz gelegt; etwa indem sie in der Fastenzeit vor Ostern auf Zucker, Alkohol, Fett und Fleisch verzichten.

Übrigens ist die Formulierung „ans Herz gelegt" nicht von ungefähr gewählt. Ist doch das Herz die ganz große Schwachstelle, die unter der Eitelkeit und dem Stolz des Hahns ebenso leidet wie unter seinen ungesunden Lebensgewohnheiten. Hähne bekommen im Alter ganz besonders oft Herzprobleme, denen man auf allen Ebenen vorbeugen sollte: durch gesunde Ernährung, ausreichende Bewegung und herzliche Gespräche mit den Lieben.

Der Beruf und die Finanzen

Der Hahn kann viel und macht viel – manchmal etwas zu viel. Er ist ein harter Arbeiter und besitzt genug Ehrgeiz, um sich in gehobene Positionen hinaufzuschuften. Dabei geht er manchmal so rücksichtslos gegen sich selber vor, dass er ernsthaft krank wird; manchmal bis hin zum Burn-out.

Seine Stärken, das klare Analysieren von Tatsachen und das ebenso unerbittliche Formulieren von Konsequenzen daraus machen ihn zu einem gefürchteten Journalisten. Da er über eine spitze Feder verfügt, lesen sich seine Kommentare sehr unterhaltsam – außer für die Kommentierten. Aber auch in der Werbung, bei der firmeninternen Fehlersuche oder in Beratungsunternehmen fühlt er sich zu Hause. Dem Kunden die Botschaft des Hahnes verkaufen sollte aber vielleicht ein anderer. Denn als Diplomat ist er eine glatte Fehlbesetzung. Auch als Lehrer oder Ärzte sind Hähne wegen ihrer spitzen Zunge nicht unbedingt geeignet – nicht jeder Patient hört gern die Wahrheit, schon gar nicht in ironischer Überspitzung! Von pubertierenden Schülern einmal ganz zu schweigen ...

Als geborene Informationssammler und Analysten sind Menschen, die unter dem Jahresregenten des Hahnes geboren wurden, auch in der Wertpapierveranlagung gut aufgehoben. Sie haben Freude am Geld, sind aber so gradlinig und ehrlich, dass man ihnen fremdes Eigentum ohne Zögern anvertrauen kann.

Viele Hähne sammeln jedoch nicht nur, sie ordnen, strukturieren und typisieren das Gesammelte auch gleich. Daher findet man sie beispielsweise auch als Archivare und Bibliothekare sowie in der EDV.

Als Freiberuflern kommt Hähnen ihre Kontaktfreudigkeit entgegen, in Unternehmen findet man sie vor allem in Stabstellen wie der Personalentwicklung oder der internen Kommunikation, weniger in Top-Managementfunktionen. Darüber hinaus machen Hähne ihren Vorgesetzten als Betriebsräte das Leben gerne schwer.

Reiselustige Hähne trifft man etwa als Spediteure, fahrende Händler oder Vertreter sowie im internationalen Projektgeschäft, etwa bei der Erschließung von Ölquellen oder im Industrieanlagenbau, an.

Geld ist für den typischen Hahn ein Mittel zur Selbstdarstellung und wird daher mit Wonne für Kleidung, repräsentative Autos oder Wohnungen und modische Frisuren ausgegeben. Was die Sache nicht gerade billiger macht, ist die Tatsache, dass viele Hähne modisch eher zu den Trendsettern gehören, also kaum zum Klassiker im Schlussverkauf greifen werden. Wenn es Hähnen gelingt, das Thema Finanzplanung einmal ernsthaft anzugehen, bekommen sie ihre Geldsorgen aber meist sehr rasch in den Griff. Nur in Zeiten akuter seelischer Tiefs brechen sie zu unüberlegten, die Haushaltskasse echt gefährdenden Frustkäufen auf.

Der Hahn in seinen Elementen

金

Der Metall-Hahn

Metall-Hähne (Jahrgänge 1921, 1981) sind wie alle Menschen, die unter dem Einfluss des Elements Metall stehen, stark und charakterfest. Sie haben klare Ziele und sind in der Lage, viel Energie zu mobilisieren, um diese Ziele zu erreichen. Beim Hahn kommt im Speziellen allerdings hinzu, dass das Element Metall auch seinen Stolz und seine Eitelkeit stärkt. Daher ist er manchmal kaum auszuhalten, redet andere nieder und fährt über ihre Gefühle drüber.

Das ist allerdings nicht böse gemeint. Er steckt sich seine Ziele nur so hoch und steuert sie unter Einsatz all seiner körperlichen und geistigen Kräfte so konsequent an, dass ihm kein

Raum bleibt, um auch noch auf Gefühle oder unterschwellig vorhandene Widerstände anderer Menschen zu achten. Gleichzeitig ist sein guter Wille so erkennbar, dass seine Umgebung ihm das vergibt.

Übertreiben sollte er trotzdem nicht. Und sich selber bei der Nase nehmen und etwas Toleranz entwickeln, wenn es ihm andere nach seinem Vorbild gleichtun und probieren, ihn zu überfahren. Das mag er in aller Regel am allerwenigsten.

Hähne gehören im chinesischen Tierkreis zu den Vertretern des Prinzips Yin. Gepaart mit dem Element Metall ergibt sich immer der Himmelsstamm Xin, das Tierkreiszeichen heißt somit Xin-you. In diesem Zeichen verbindet sich die weibliche Qualität des Hahns in besonderem Ausmaß mit Durchsetzungsfähigkeit und Gestaltungswillen. Oft nutzen sie diese Qualitäten auf eine überraschende Art und Weise: Metall-Hähne sind nämlich besonders geschickt darin, soziale Probleme zu lösen. Und so findet man sie oft an der Spitze von Organisationen mit humanitären Zielen.

水

Der Wasser-Hahn

Der Wasser-Hahn (Jahrgänge 1933, 1993) ist ein angenehmer, sympathischer Hahn, der nur wenig Prahlerisches besitzt und sich darin von seinen Artgenossen wohltuend unterscheidet. Er ist besonders klarsichtig und scharfsinnig, und es fällt ihm leicht, andere davon zu überzeugen, dass seine Ansicht oder Interpretation eines Sachverhaltes die richtige ist. Er läuft bisweilen Gefahr, den großen Zusammenhang außer Acht zu lassen, wenn er sich detailgenau um eine Sache kümmert. Andererseits ist er ein unermüdlicher Datensammler, der es meisterlich versteht, die einzelnen Mosaiksteine zu einem Bild zusammenzusetzen. Er benötigt nur etwas Zeit dafür.

Wasser-Hähne gehören zum Himmelsstamm Gui, das korrekte Tierkreiszeichen heißt Gui-you. Ein Wasser-Hahn ist als Vertreter des weiblichen Prinzips Yin ein besonders fruchtbarer Jahresregent; und diese Fruchtbarkeit bezieht sich sowohl auf Beziehungen als auch auf materiellen Wohlstand. Wasser-Hähne bekommen die Gefühle ihrer Umgebung deutlicher mit als ihre Brüder und Schwester. Und so, wie der Hahn generell ein Meister darin ist, Fakten zu analysieren, so versteht der Wasser-Hahn es, Emotionen zu deuten.

Das hilft ihm letztlich nicht nur privat enorm weiter, sondern auch geschäftlich. Er spürt das geringste Zögern und verdeckte Motive bleiben ihm nicht lange verborgen. Und da er wie alle Hähne gerade auf sein Ziel lossteuert, hat er auch keine Skrupel, sein Wissen für seine Zwecke zu verwenden. Wer versucht, einen Wasser-Hahn übers Ohr zu hauen, muss sich wirklich anstrengen – und wird am Ende vermutlich feststellen, dass es ihm genau genommen nicht gelungen ist.

 木

Der Holz-Hahn

Der Holz-Hahn (Jahrgänge 1945, 2005) ist vielleicht noch eine Spur sozialer als sein Wasser-Bruder und scheint auf den ersten Blick recht umgänglich zu sein. Doch das täuscht. Wenn es hart auf hart kommt, ist er ebenso freimütig, scharfzüngig und ätzend wie seine Brüder. Er ist ein Arbeitstier, das dazu neigt, sich zu viele Projekte gleichzeitig aufzuhalsen. Trotz seiner ungeheuren Energiereserven kann dieser Hahn unter einem Berg von Detailkram vergraben werden, mit dem er nie gerechnet hätte. Doch seine Aufrichtigkeit und Sorgfalt hilft ihm immer wieder auf die Füße.

Wie alle vom Element Holz regierten Wesen ist der Holz-Hahn (Yi-you) ein innerlich gefestigtes Wesen. Er neigt deutlich weniger dazu, sich aufzuplustern. Das hat er nicht nötig, denn er besitzt nicht nur ein hohes Selbstwertgefühl, sondern ist darüber hinaus auch selbstbewusst. Das heißt, dass er um die eigenen Stärken, aber auch um die eigenen Schwächen weiß und gut in der Lage ist, sein Verhalten zu reflektieren. Seinen Mitmenschen gibt er in aller Regel Halt; vor allem für heranwachsende Teenager ist ein Wasser-Hahn im Umfeld oft von unschätzbarem Wert. Er nähert sich nicht so sehr auf der Gefühlsebene – auf der junge Menschen ja ohnehin oft verwirrt und orientierungslos sind und sie daher abwehren –, sondern kommt mit guten Argumenten. Da er gleichzeitig die Kraft hat, dort Widerstände zu setzen, wo sie notwendig sind, ist er in schmerzhaften persönlichen Entwicklungsphasen ein großartiger Begleiter.

Ein wenig aufpassen muss der Holz-Hahn, dass er in seinen Grundüberzeugungen nicht zu starr wird. Dann verliert er seinen Einfluss schlagartig. Denn wer will sich schon von einem Dickkopf leiten lassen?

 火

Der Feuer-Hahn

Der Feuer-Hahn (Jahrgang 1957) ist der geborene Dramatiker, der im Hühnerhof heftig herumflattert, Staub aufwirbelt und sich letztlich dann doch wieder auf die altvertraute Hühnerstange setzt. Er setzt sich gerne in Szene. Bekommt er keinen Applaus, dann nimmt er auch mit erschreckten Blicken vorlieb. Lieber negative Aufmerksamkeit als keine Aufmerksamkeit, scheint seine Devise zu sein.

Aber zunächst versucht es der Feuer-Hahn (Ding-you) mit positiver Aufmerksamkeit. Er kleidet sich in leuchtenden Farben – die manches Mal die Grenze zum Schrillen überschreiten. Er erzählt gerne viel und ausführlich – und merkt dabei nicht, wie seine Stimme zu laut und sein Auftreten zu dominant werden. Er schwärmt von seinen Erfolgen – und übersieht, dass es sich nur um Pläne handelt und er im Grunde noch überhaupt keine Schritte in die entsprechende Richtung gesetzt hat. Von einer erfolgreichen Umsetzung der Pläne ganz zu schweigen.

Zum Glück ist sein Auftreten nicht bar jeglicher Grundlage, und meist erreicht er innerhalb kurzer Zeit hohe Positionen, wobei ihm sein Führungs- und Organisationstalent maßgeblich hilft. Als Chef handelt er verantwortungsbewusst. Dem Unternehmen gegenüber verhält er sich ebenso loyal wie bei den Mitarbeitern. Die Meinung anderer lässt er allerdings kaum gelten. Wenn er sie anerkennt, dann nur im Stillen. Immerhin: unfair ist er nicht. Wenn man davon absieht, dass er kein Problem damit hat, sich mit fremden Federn zu schmücken.

In der Familie neigen Feuer-Hähne dazu, die Rolle des Patriarchen zu spielen. Wer ihnen diese Rolle lässt, gewinnt einen zuverlässigen Partner, der die Haushaltskasse füllt und nicht eines Tages auf Nimmerwiedersehen verschwindet.

 土

Der Erd-Hahn

Der Erd-Hahn (Jahrgänge 1909, 1969) besitzt zwar nicht jenen Hang zur Dramatik wie seine feurigen Brüder und Schwestern, macht das jedoch durch noch größere Entschlossenheit wieder wett. Oft arbeitet er bis spät in die Nacht hinein, und das auch an solchen Tagen, an denen er bereits bei Sonnenaufgang auf den Beinen war. Auf diese Weise bringt er es weit. Allerdings verliert sein Leben dabei einiges an Lebensqualität. Der Satz „Es darf auch leicht gehen" bleibt für den Erd-Hahn unverständlich. „Erst die Arbeit, dann das Vergnügen" entspricht schon eher seiner Philosophie.

Luxus ist ihm nicht wichtig, er lebt eher asketisch, was materielle Dinge angeht. Wichtig ist ihm hingegen die Anerkennung seiner Arbeit durch andere. Wer das Herz eines Erd-Hahns (Jiyou) erreichen will, kann auf teure Geschenke und gefühlvolle Liebesschwüre getrost verzichten. Viel zielführender ist es, den Erd-Hahn von seinen Leistungen erzählen zu lassen, ihm dabei aufmerksam zuzuhören und das Gehörte noch einmal bestätigend zu wiederholen. Auf diese Art und Weise fühlt er sich wahrgenommen und geachtet, ein Gefühl, was er wie kein zweites liebt.

Wer glaubt, dass Erd-Hähne deshalb todlangweilige Geschöpfe sind, irrt sich gewaltig. Sie verfügen wie alle Vertreter des Hühnervolkes über eine geschliffene Sprache. Da ihr Humor besonders trocken ausfällt, sind sie brillante Satiriker – vorausgesetzt, ihre Zuhörer bringen die Fähigkeit mit, über sich selber lachen zu können. Eine Fähigkeit, die bei den Erd-Hähnen selber nicht besonders ausgeprägt ist. Revanchieren Sie sich daher lieber nicht mit einem Witz auf Kosten des Hahns, denn ihm wird mit Sicherheit eine Antwort einfallen, die auf Ihre Kosten geht.

Der Hahn und die Liebe

Es ist nicht schwer, mit einem Hahn ins Gespräch zu kommen. Aufgeschlossen geht er auf jeden zu, interessiert sich sichtlich für sein Gegenüber und knüpft schnell Kontakte. Hähne glauben zu wissen, dass sie begehrte Gesprächspartner und gute Gesellschafter sind. Und in der Regel bestätigt ihre Umgebung diese Selbsteinschätzung. Doch so leicht der Anfang auch sein mag, so schwierig wird es dann, eine stabile Beziehungsbasis zu schaffen. Denn im Grunde will der Hahn nur Informationen sammeln. Ein echtes Interesse an seinem Gegenüber besteht dagegen – zumindest anfangs – nicht. Der Hahn verliebt sich rasch und häufig, aber leider oft nur kurzfristig. Dabei zeigt er sich flexibel und anpassungsfähig, solange ihn die Beziehung interessiert, nur um sie anschließend mit der gleichen Überzeugungskraft wieder fallen zu lassen, mit der er sich vorher hineingetigert hat.

Erotischen Abenteuern sind sie dagegen nicht abgeneigt; vor allem junge Hähne flattern von einem Nest zum anderen und genießen die dort gebotenen Genüsse. Sie sind triebhaft, wenngleich der Trieb geistigen Anregungen ebenso gilt wie körperlichen. Hähne können in sexuelle Ekstase verfallen und kurz danach ein kühles, analytisches Gespräch führen. Wem das zu sehr nach „Heiß-Kalt" klingt, der sollte lieber die Finger vom Herrn des Hühnerhofes lassen.

Da Hähne im Grunde ihres Herzens an der großen Liebe und einer dauerhaften Beziehung interessiert sind, dabei aber Besitzansprüche entwickeln und zur Eifersucht neigen, dauert es manchmal länger, bis sie ihren idealen Partner gefunden haben. Sie wissen Harmonie im eigenen Heim zu schätzen, tragen aber letztlich selber immer wieder Wirbel und Streitereien hinein. Daher braucht ihr Partner nicht nur ein gerütteltes Maß

Geduld, sondern noch mehr Fantasie, um die unnachvollziehbaren Gefühlsschwankungen des Hahns einordnen zu lernen. Im Regelfall müssen beide Partner einen inneren Reifeprozess durchleben, in dem sie lernen, auf den anderen zu hören. Dann aber sind Hähne eine Bereicherung jeder Beziehung!

Die pflichtbewusste Hahn-Frau

Hahn-Frauen – nennen wir sie grammatikalisch korrekt doch gleich Hennen, ganz ohne an das „dumme Huhn" zu denken – sind in aller Regel auffallende Erscheinungen. Sie kleiden sich auffallend, sprechen akzentuiert, wenngleich manches Mal zu laut, wirken aber auch wortlos. Diese Frauen betreten einen Raum nicht, sie erscheinen in ihm. Der erste Eindruck, den sie vermitteln, ist der einer lustigen, vergnügten und anpassungsfähigen Person.

Ihre Pflichten erfüllt die Henne bis ins letzte Detail korrekt. Sie braucht keinen Mann an ihrer Seite, um finanziell das Auslangen zu finden. Dafür sorgt sie schon ganz allein. Sie ist aber auch nicht der Typ Frau, der den Mann am liebsten zum Hausmann domestizieren würde und ihn im Haushalt und bei den Kindern sitzen lässt. Für sie gilt: Rollentausch ist keine Lösung. Lieber unterstützt sie ihn nach besten Kräften, damit er zumindest ebenso viel Erfolg im Beruf hat wie sie selbst. Und die Kinder, die betrachtet sie ausschließlich als ihr Revier. Der Herr Gemahl darf den einen oder anderen kleinen Ausflug mit ihnen machen. Die Erziehung gibt sie aber nicht aus der Hand, denn die Küken sollen sich nach ihren Vorstellungen entwickeln.

Hennen sind von ihren Ideen immer zutiefst überzeugt. Sie machen nichts halbherzig und erwarten das auch von ihrer Umgebung. In Gesellschaften, in denen lang und heftig debattiert wird, fühlen sie sich wohl. Allerdings sind sie keine, die in der Lage wären, die Wogen zu glätten, wenn es einmal zu hoch hergeht. Dabei neigen sie öfter zu missionarischem Eifer, den vor allem der Mann an ihrer Seite zu spüren bekommt. Entspricht ihr Wert nicht dem seinen, sollte er sich auf heftigere Auseinandersetzungen gefasst machen, denn in solchen Fällen will sie es genau wissen, ob sie sich nicht doch durchsetzen kann. Merke: Auch Hennen fechten Hahnenkämpfe aus!

In der Liebe sind Hennen sehr zärtliche, leidenschaftliche Partnerinnen, die allerdings ebenso viele Streicheleinheiten für sich fordern, wie sie zu geben bereit sind. Sind sie erst einmal aus der ersten Sturm- und Drang-Zeit heraus, entwickeln sie sehr beständige Tendenzen. Haben sie dann einen festen Partner, schielen sie überhaupt nicht mehr über den Zaun, sondern gehen ganz in der Rolle der Gefährtin auf. Taucht eine Rivalin auf, reagiert sie heftig. Dann wird gehackt, was das Zeug hält. Und zwar nicht nur auf die Konkurrentin. Dann bekommt auch der Mann den einen oder anderen Hieb ab.

Der modische Hahn-Mann

Der Hahn-Mann ist eine auffallende, manchmal sogar berückend schöne Erscheinung. In aller Regel legt er viel Wert auf sein Äußeres, pflegt sich entsprechend intensiv und achtet auch auf Farbe, Sitz und Stil seiner Kleidung. Für einen Mann kennt er sich in Modefragen überraschend gut aus und ist auch bereit, für das eine oder andere Accessoire Geld auszugeben. Angeblich sind es die Hähne, die den Kosmetiksalon auch als männliches Territorium entdeckt haben.

Hähne haben ein sicheres Auftreten, manchmal ist es sogar ein wenig zu sicher. Anders als ihre weiblichen Artgenossen wirken sie nicht besonders anpassungsfähig. Bevor sie den eigenen Auftritt dämpfen und erst einmal die Reaktionen der Umgebung abwarten, versuchen sie, alle Störgeräusche zu übertönen. Das macht sie vor allem bei Geschlechtsgenossen oft unbeliebt. Dann gelten sie als eitle Gockel und Störenfriede.

Im Grunde ist aber auch der männliche Hahn ein kooperatives Geschöpf, der gerne und lang arbeitet und dabei Wert auf die Einbindung in ein Team legt. Auch privat haben sie gerne einen ganzen Hofstaat um sich herum. Denn wer sollte sie sonst in ausreichender Weise würdigen? Für eine Partnerin ist das nicht immer ganz einfach; weiß sie doch nicht, wie weit er mit seinen Tendenzen zum Harem wirklich geht. Man muss sagen, leider recht weit, denn er ist einer, der immer wieder den eigenen Verführungskünsten erliegt.

Wer über seine gelegentlichen Seitensprünge hinwegsieht, gewinnt einen ansonsten sehr zuverlässigen Partner, der sich konsequent um die Familienfinanzen kümmert, dem Nachwuchs liebevoll und vergleichsweise nachsichtig begegnet und sich bei der Partnerin für ihr Verständnis mit großzügigen Geschenken bedankt. Viele Hähne beschränken sich mit der Zeit dann auch auf das heimische Nest, vor allem, wenn sie dort viel Anerkennung und noch mehr Streicheleinheiten bekommen.

Hahn mit Ratte

Im Grunde kann die Ratte den Hahn nicht leiden. Er erscheint ihr eitel, oberflächlich und aufgeblasen zu sein. Nun hat der Hahn ja auch derartige Tendenzen. Aber es sind weniger die objektiv nachvollziehbaren Tatsachen, die die Ratte tatsächlich stören, sondern mehr das dumpfe Gefühl, nicht so recht zu wissen, wie sie von diesem Partner an ihrer Seite profitieren könnte. Zieht er doch die Aufmerksamkeit auf sich, ohne im Gegenzug dafür Beziehungen und Kontakte zur Verfügung stellen zu können.

Dabei wären die beiden im Grunde ein tolles Gespann. Beides sind selbstbewusste Geschöpfe. Sie sind intelligent und zielstrebig, lieben eine gewisse Ordnung bis hin zur Pedanterie und genießen das Schöne – der Hahn vor allem an sich selbst, die Ratte in ihrer Umgebung. Der Hahn spürt diese Seelenverwandtschaft auch, weshalb die Ratte für ihn unter die potenziellen Traumpartner fällt. Für ihn ist es daher auch nur schwer nachvollziehbar, wenn sich die Ratte partout nicht von ihm erobern lassen will.

Was für eine Tragik, dass sich die Ratte nur dann zu einer Beziehung hinreißen lässt, wenn sie ihre Finanzen in Ordnung bringen will. Dazu bringt der Hahn trotz seiner unbestreitbaren Eitelkeit gute Voraussetzungen mit. Ansonsten läuft die Ratte vor der lauten Art des Hahns davon oder wendet sich von seinen wechselnden Launen erschreckt ab. Dabei täte ihr der humorvolle Gockel mehr als gut, ist er doch einer der wenigen, der es schafft, ihrem Ehrgeiz den Stachel zu nehmen.

Betrachten wir nun die Hahn-Ratte-Paarung unter Berücksichtigung der Elemente, dann ergeben sich folgende, aus Sicht des Hahns Erfolg versprechende Paarungen, wobei die Altersabstände der einzelnen Konstellationen so weit auseinanderliegen, dass diese Beziehungen in der Realität relativ selten anzutreffen sind. Doch erstens war und ist in der chinesischen Kultur ein großer Altersunterschied zwischen Ehepartnern ein weitaus geringeres Problem als bei uns. Und zweitens lassen sich diese Konstellationen auch auf die Beziehungen zwischen Eltern und Kindern, Vorgesetztem und Mitarbeitern oder auf andere soziale Partnerschaften übertragen:

- Der Feuer-Hahn (1957) profitiert besonders von Holz-Ratten (1924, 1984) und Wasser-Ratten (1912, 1972), mit Feuer-

Ratten (1936, 1996) ist die Prognose neutral. Vorsicht, die Beziehungen lassen sich bis auf die letzte nicht umkehren, und zwar in diesem Fall ebenso wenig wie in allen folgenden. Sehen wir uns als Beispiel diese Kombination genauer an: Holz-Ratten werden von der Energie des Feuer-Hahns ausgebrannt. Und auch für die Wasser-Ratten ist diese Konstellation ziemlich anstrengend.

- Der Erd-Hahn (1909, 1969) profitiert besonders von Feuer-Ratten (1936, 1996) und Holz-Ratten (1924, 1984). Gemeinsam mit einer anderen Erd-Ratte macht er es sich ebenfalls recht gemütlich.
- Der Metall-Hahn (1921, 1981) profitiert besonders von Erd-Ratten (1948) und Feuer-Ratten (1936, 1996). Gemeinsam mit einer Metall-Ratte (1900, 1960) stehen die Chancen neutral.
- Der Wasser-Hahn (1933, 1993) profitiert besonders von Metall-Ratten (1900, 1960) und Erd-Ratten (1948). Gemeinsam mit einer Wasser-Ratte (1912, 1972) ist die Beziehung ausgewogen.
- Der Holz-Hahn (1945, 2005) profitiert schließlich besonders von Wasser-Ratten (1912, 1972) und Metall-Ratten (1900, 1960). Gemeinsam mit einer Holz-Ratte (1924, 1984) ist die Prognose neutral.

Hahn mit Büffel

Der Hahn und der Büffel sind zwar sehr verschieden, doch wirkt die Energie des Hahnes auf den Büffel positiv anstachelnd. Der Sinn des Hahnes für Humor und seine Selbstironie öffnen dem Büffel einen Weg zum Verstehen seines so ungleichen

Partners. Und da er beim Hahn auf eine gewisse Sparsamkeit und Bedachtsamkeit vertrauen kann, fühlt er sich in dessen Gesellschaft richtig wohl. Daher ist die Beziehung aus Sicht des Büffels auch durchwegs positiv.

Der Hahn sieht das leider ein wenig anders. Für ihn fällt die Beziehungsbilanz eindeutig negativ aus. Der Büffel könnte ihm zwar eine gute Portion Gelassenheit abgeben. Aber das ist halt so eine Sache. Für den Hahn ist die Ruhe und Gelassenheit eines anderen keine Hilfe, selber diese Eigenschaften zu entwickeln.

Doch kehren wir zur Sichtweise des Büffels zurück. Für ihn ist dieser Partner attraktiv, und so wirft er sich auch ins Zeug, um ihn zu erobern. Er hat dabei durchaus Aussichten auf Erfolg, wobei die Kombination aus einem weiblichen Hahn und einem männlichen Büffel grundsätzlich unkomplizierter ist als umgekehrt. Dann wirken nämlich die umgekehrten Yin/Yang-Vorzeichen mäßigend auf die Beziehung zueinander. Der weibliche Hahn ordnet sich leichter unter, ohne jedoch seine Federn zu verlieren. Der weibliche Büffel sucht sich auf die Dauer dagegen lieber einen weniger schillernden Partner, der stärker auf seine emotionalen Bedürfnisse eingeht.

Betrachtet man die Hahn-Büffel-Paarung unter Berücksichtigung der Elemente, dann ergeben sich folgende besonders Erfolg versprechende Beziehungen, wobei die aufgrund des relativ großen Altersunterschiedes in der Praxis kaum anzutreffen sind:

- Der Feuer-Hahn (1957) profitiert besonders von Holz-Büffeln (1925, 1985) und Wasser-Büffeln (1913, 1973). Die Partnerschaft mit einem Feuer-Büffel (1937, 1997) ist zumindest neutral.
- Der Erd-Hahn (1909, 1969) profitiert besonders von Feuer-Büffeln (1937, 1997) und Holz-Büffeln (1925, 1985). Mit einem Erd-Büffel (1949) sind die Chancen zumindest neutral.

- Der Metall-Hahn (1921, 1981) profitiert besonders von Erd-Büffeln (1949) und Feuer-Büffeln (1937, 1997). Gemeinsam mit einem Metall-Büffel (1901, 1961) sind die Chancen neutral.
- Der Wasser-Hahn (1933, 1993) profitiert besonders von Metall-Büffeln (1901, 1961) und Erd-Büffeln (1949). Gemeinsam mit einem Wasser-Büffel (1913, 1973) sind die Chancen zumindest neutral.
- Der Holz-Hahn (1945, 2005) profitiert schließlich besonders von Wasser-Büffeln (1913, 1973) und Metall-Büffeln (1901, 1961). Gemeinsam mit einem Holz-Büffel (1925, 1985) sind die Chancen zumindest neutral.

Hahn mit Tiger

Bei Tiger und Hahn prallen Eitelkeiten aufeinander, die nur schwer unter einen Hut zu bringen sind. Der Tiger ist überzeugt, der König der Tiere zu sein, während der Hahn auf seinem Misthaufen sitzt und stolz auf seine eigene Herrlichkeit kräht. Anfangs fallen dem Hahn die Misstöne in der Beziehung nicht auf. Während er noch stolz auf seine intellektuellen Leistungen verweist, hat der Tiger innerlich genervt das Handtuch geworfen.

Der Hahn ist ihm einfach viel zu sehr in Details verliebt, zu sehr auf Ordnung bedacht und zu sparsam. Außerdem kommt ihm dieser Partner geradezu kritikwütig vor. Wo bleibt da der großzügige Zugang zum Leben, mit dem der Tiger gewohnt ist, immer wieder auf die Füße zu fallen.

Der Hahn hat seinerseits wenig Verständnis für die intuitive Art, mit der der Tiger ans Leben herangeht, und verletzt ihn, indem er sich darüber lustig macht. Allerdings fällt die Beziehungsbilanz aus seiner Sicht zumindest neutral aus.

Trotzdem wird aus den beiden nur schwer ein Paar. Denn der Tiger vermisst die tiefen Gefühle bei seinem Partner; der Hahn wiederum beobachtet den Tiger beim Wildern in fremden Revieren und wundert sich, wo dessen Liebe zu ihm dabei bleibt. Diese beiden Partner werden vor lauter verletztem Stolz kaum ein Traumpaar bilden.

Betrachtet man die Hahn-Tiger-Paarung unter Berücksichtigung der Elemente, dann ergeben sich folgende Erfolg versprechende Beziehungen – allerdings kommen nur wenige aufgrund des verkraftbaren Altersabstandes trotz der Bedenken des Tigers in der Praxis wirklich vor:

- Der Feuer-Hahn (1957) profitiert besonders von Holz-Tigern (1914, 1974) und Wasser-Tigern (1902, 1962). Die Partnerschaft mit einem Feuer-Tiger (1926, 1986) enthält reichlich Sprengstoff, kann aber dennoch gut gehen, wenn es beiden gelingt, ein wenig Toleranz zu üben.
- Der Erd-Hahn (1909, 1969) profitiert besonders von Feuer-Tigern (1926, 1986) und Holz-Tigern (1914, 1974). Mit einem Erd-Tiger (1938, 1998) sind die Chancen zumindest neutral.
- Der Metall-Hahn (1921, 1981) profitiert besonders von Erd-Tigern (1938, 1998) und Feuer-Tigern (1926, 1986). Gemeinsam mit einem Metall-Tiger (1950) sind die Chancen neutral.
- Der Wasser-Hahn (1933, 1993) profitiert besonders von Metall-Tigern (1950) und Erd-Tigern (1938, 1998). Gemeinsam mit einem Wasser-Tiger (1902, 1962) sind die Chancen zumindest neutral.
- Der Holz-Hahn (1945, 2005) profitiert schließlich besonders von Wasser-Tigern (1902, 1962) und Metall-Tigern (1950). Gemeinsam mit einem Holz-Tiger (1914, 1974) sind die Chancen zumindest neutral.

Hahn mit Hase

Beim Hahn trifft der Hase an die Grenzen seiner Einfühlsamkeit. Zu exzentrisch ist der laute Gockel, zu ichbezogen, und das überfordert den Hasen mit seinem Harmoniebedürfnis in den meisten Fällen. Außerdem hat ja auch der Hase ein Ego, das er gewürdigt und gestreichelt wissen will. Und dazu ist der Hahn ganz offensichtlich weder bereit noch in der Lage. Außerdem wirkt er auf den Hasen kleinkariert und engstirnig. Dass er scheinbar zu keinen tiefen Gefühlen fähig ist, macht die Sache auch nicht gerade besser. Und hebt er auch nur leise zum Krähen an, flüchtet der Hase außer Hör- und Reichweite. Alles in allem ist der Hahn der Letzte, zu dem der Hase eine Beziehung wünscht.

Der Hahn sieht das übrigens ähnlich, wenngleich nicht ganz so krass wie der Hase. Ihm ist Meister Lampe schlicht und ergreifend zu sanft, zu einfühlsam, zu gefühlsduselig. Hähne wollen im Grunde gar nicht, dass so auf sie eingegangen wird. Ihnen reicht das oberflächliche Lob. Passiert kein Wunder und stehen die Elemente nicht in einer besonders günstigen Kombination – oder bilden sich die Partner aus anderen Gründen ein, diese Beziehung glücken zu lassen –, dann kommt es bei Hase und Hahn schon vor der Ehe zur Scheidung. Wobei auch hier gilt: Nichts ist unmöglich. Was jeder aus seiner Beziehung macht, ist letztlich in seinem Einflussbereich. Aber leicht wird es nicht.

Betrachtet man die Hahn-Hase-Paarung unter Berücksichtigung der Elemente, dann ergeben sich folgende tendenziell Erfolg versprechende Beziehungen – wobei klar ist, dass viele Idealkombinationen in der Realität schon wegen des großen

Altersunterschiedes zwischen den Partnern nicht vorkommen werden.

- Der Feuer-Hahn (1957) profitiert besonders von Holz-Hasen (1915, 1975) und Wasser-Hasen (1903, 1963). Die Partnerschaft mit anderen Feuer-Hasen (1927, 1987) ist zumindest neutral.
- Der Erd-Hahn (1909, 1969) profitiert besonders von Feuer-Hasen (1927, 1987) und Holz-Hasen (1915, 1975). Gemeinsam mit einem Erd-Hasen (1939, 1999) sind die Chancen zumindest neutral.
- Der Metall-Hahn (1921, 1981) profitiert besonders von Erd-Hasen (1939, 1999) und Feuer-Hasen (1927, 1997). Gemeinsam mit einem Metall-Hasen (1951) sind die Chancen neutral.
- Der Wasser-Hahn (1933, 1993) profitiert besonders von Metall-Hasen (1951) und Erd-Hasen (1939, 1999). Gemeinsam mit einem Wasser-Hasen (1903, 1963) sind die Chancen zumindest neutral.
- Der Holz-Hahn (1945, 2005) profitiert schließlich besonders von Wasser-Hasen (1903, 1963) und Metall-Hasen (1951). Gemeinsam mit einem Holz-Hasen (1915, 1975) sind die Chancen zumindest neutral.

Hahn mit Drache

Der Hahn würde ja gerne – aber der Drache weiß nicht so recht. Magnetisch streben diese beiden Vertreter des Tierkreises nicht aufeinander zu. Der Hahn sieht im Drachen zwar einen gut geeigneten Partner. Aber der Drache beurteilt die Sache eher neutral. Und da bei ihm genug andere Interessenten Schlange stehen, wird er den Hahn nur in Ausnahmefällen eines zweiten Blickes würdigen. Steht der doch wie der Herr im Hühnerhof auf seinem Misthaufen und vermittelt den Eindruck, kompromisslos auf seiner Rolle als Nummer eins zu bestehen. Und das kann der Drache leider gar nicht tolerieren.

Tatsächlich müssen die zwei zunächst die Hackordnung in ihrer Beziehung klären. Erst dann haben sie gute Aussichten auf eine dauerhafte Beziehung. Intellektueller Wettstreit ist darin allerdings an der Tagesordnung, und mit seiner ständigen Kritikbereitschaft ist der Hahn dem Drachen ein ständiger Stachel im Fleisch. Wenn der Drache diese Kritik überbewertet, kehrt er den Egoisten heraus. Was aber wiederum der Hahn schlecht verträgt. Und so befinden sich die zwei schnell in einem Teufelskreis, wobei beiden die Diplomatie fehlt, um schnell wieder herauszukommen.

Allerdings gibt es auch positive Aspekte in dieser Partnerschaft. Die geschickte Hand des Hahns in finanziellen Dingen – vor allem, wenn es ums Sparen geht – nötigt dem Drachen Respekt ab. Und der Hahn weiß die Ordnung zu schätzen, die der vorbildhafte Drache in seinem Leben schafft.

Betrachtet man die Hahn-Drache-Paarung unter Berücksichtigung der Elemente, dann ergeben sich folgende tendenziell Erfolg versprechende Beziehungen, die aufgrund des geringen Altersabstandes trotz der Bedenken des Drachen auch tatsächlich vorkommen:

- Der Feuer-Hahn (1957) profitiert besonders von Holz-Drachen (1904, 1964) und Wasser-Drachen (1952). Die Partnerschaft mit einem Feuer-Drachen (1916, 1976) ist aus Sicht der Ziege noch immer gut.
- Der Erd-Hahn (1909, 1969) profitiert besonders von Feuer-Drachen (1916, 1976) und Holz-Drachen (1904, 1964). Gemeinsam mit einem Erd-Drachen (1928, 1988) sind die Chancen ebenfalls gut.

- Der Metall-Hahn (1921, 1981) profitiert besonders von Erd-Drachen (1928, 1988) und Feuer-Drachen (1916, 1976). Gemeinsam mit einem Metall-Drachen (1940, 2000) sind die Chancen ebenfalls gut.
- Der Wasser-Hahn (1933, 1993) profitiert besonders von Metall-Drachen (1940, 2000) und Erd-Drachen (1928, 1988). Gemeinsam mit einem Wasser-Drachen (1952) sind die Chancen ebenfalls gut.
- Der Holz-Hahn (1945, 2005) profitiert schließlich besonders von Wasser-Drachen (1952) und Metall-Drachen (1940, 2000). Gemeinsam mit einem Holz-Drachen (1904, 1964) sind die Chancen ebenfalls gut.

Hahn mit Schlange

Hahn und Schlange nehmen sich in aller Regel kaum wahr, wenn sie aufeinander stoßen. Die Schlange hält dem Hahn vor, ein aufgeblasener Gockel zu sein, der Hahn seinerseits sieht in der Schlange eine eitle, kritiksüchtige Kreatur. Man hasst sich nicht; aber man liebt sich ebenso wenig. Dabei könnten die zwei eine großartige Verbindung darstellen. Der Hahn könnte vom Tiefsinn der Schlange profitieren. Und die Schlange könnte sein analytisches, kritisches Denken durchaus in den eigenen Erkenntnisweg einbauen. Doch wie gesagt, die Wirklichkeit sieht leider anders aus.

Die vom Hahn verkörperte Ordnung schränkt die Schlange zu stark ein. Er ist ihr viel zu wenig an der Schönheit anderer interessiert und weiß ihr Bemühen um ein gepflegtes Äußeres nicht wirklich zu schätzen. Hält er ihr dann auch noch vor, zu viel auszugeben, dann wird die Schlange angriffslustig. Und so kommt es zu einem Machtgerangel zwischen den beiden Yin-dominierten Wesen, wobei dieser Kampf eher unter der Decke und nur selten offen ausgetragen wird.

In der Praxis mag es zwar immer wieder zu kurzen, vor allem erotisch motivierten Begegnungen kommen. Die große Liebe wird es aber in aller Regel nicht.

Betrachtet man die Hahn-Schlange-Paarung unter Berücksichtigung der Elemente, dann ergeben sich folgende tendenziell Erfolg versprechende Beziehungen – wobei einige Idealkombinationen im Alter noch immer so nah beieinander liegen, dass sie trotz der Bedenken der beiden in der Praxis tatsächlich anzutreffen sind:

- Der Feuer-Hahn (1957) profitiert besonders von Holz-Schlangen (1905, 1965) und Wasser-Schlangen (1953). Die Partnerschaft mit einer Feuer-Schlange (1917, 1977) ist aus Sicht des Hahns noch immer gut.
- Der Erd-Hahn (1909, 1969) profitiert besonders von einer Feuer-Schlange (1917, 1977) und von einer Holz-Schlange (1905, 1965). Gemeinsam mit einer Erd-Schlange (1929, 1989) sind die Chancen neutral.
- Der Metall-Hahn (1921, 1981) profitiert besonders von Erd-Schlangen (1929, 1989) und Feuer-Schlangen (1917, 1977). Gemeinsam mit einer Metall-Schlange (1941, 2001) sind die Chancen neutral.
- Der Wasser-Hahn (1933, 1993) profitiert besonders von Metall-Schlangen (1941, 2001) und Erd-Schlangen (1929, 1989). Gemeinsam mit einer Wasser-Schlange (1953) sind die Chancen neutral.
- Der Holz-Hahn (1945, 2005) profitiert schließlich besonders von Wasser-Schlangen (1953) und Metall-Schlangen (1941, 2001). Gemeinsam mit einer Holz-Schlange (1905, 1965) sind die Chancen neutral.

Hahn mit Pferd

Bei Pferd und Hahn tritt der Fall ein, dass das Pferd umworben wird, selber der Sache allerdings neutral gegenübersteht. Dem Hahn imponiert das prachtvolle Auftreten des Pferdes. Und obwohl die Unterordnung in aller Regel nicht unbedingt seine Sache ist, so wäre er beim Pferd doch eher dazu bereit als bei vielen anderen Vertretern des Tierkreises.

Die Selbstbezogenheit stört ihn nicht sonderlich; mehr noch, oft fällt sie ihm gar nicht auf, weil er zu tief im eigenen Spiegelbild versunken ist. Schreckt ihn dort das Pferd mit energischem Wiehern auf, vergisst er allerdings, ihm den erwünschten Applaus zu spenden. Wahrscheinlich ist dies auch der Grund, warum das Pferd für diese Beziehung nur schwer aus seiner Reserve gelockt werden kann. Der Hahn scheint kühl, weil er nicht ständig das Loblied des Partners kräht, und zu berechnend, weil er dann doch immer wieder auf die Finanzen achtet.

Zwar könnte das Pferd von der analytischen Weltsicht des Hahnes nur profitieren, aber im Grunde sucht es keine Ergänzung zu seinem mutigen Draufgängertum, sondern eher eine Bestätigung. Ab und zu funkt es dann doch; vor allem zu Beginn haben die beiden viel Spaß miteinander, auch wenn manchmal Federn und Mähnenhaare fliegen dürften.

Betrachtet man die Hahn-Pferd-Paarung unter Berücksichtigung der Elemente, dann ergeben sich folgende am ehesten Erfolg versprechende Beziehungen – wobei einige günstige Konstellationen im Alter so weit entfernt sind, dass sie in der Praxis nur selten anzutreffen sind:

- Der Feuer-Hahn (1957) profitiert besonders von Holz-Pferd (1954) und Wasser-Pferd (1942, 2002). Die Partnerschaft mit einem Feuer-Pferd (1906, 1966) ist aus Sicht des Hahns neutral.

- Der Erd-Hahn (1919, 1979) profitiert besonders von Feuer-Pferden (1906, 1966) und Holz-Pferden (1954). Gemeinsam mit einem Erd-Pferd (1918, 1978) sind die Chancen neutral.
- Der Metall-Hahn (1921, 1981) profitiert besonders von Erd-Pferden (1918, 1978) und Feuer-Pferden (1906, 1966). Gemeinsam mit einem Metall-Pferd (1930, 1990) sind die Chancen neutral.
- Der Wasser-Hahn (1933, 1993) profitiert besonders von Metall-Pferden (1930, 1990) und Erd-Pferden (1918, 1978). Gemeinsam mit einem Wasser-Pferd (1942, 2002) sind die Chancen ebenfalls neutral.
- Der Holz-Hahn (1945, 2005) profitiert schließlich besonders von Wasser-Pferden (1942, 2002) und Metall-Pferden (1930, 1990). Gemeinsam mit einem Holz-Pferd (1954) sind die Chancen ebenfalls neutral.

Hahn mit Ziege

Der Hahn übt auf die Ziege eine fatale Anziehungskraft aus. Besitzt er doch in hohem Maße eine Eigenschaft, die die Ziege ihrerseits so schmerzlich vermisst: Selbstsicherheit. Daher bewundert sie ihn auch unverhohlen und versucht, in seinem Leben einen Platz zu erobern. Und tatsächlich wären die beiden auch keine schlechte Paarung. Der Hahn ist hoch intelligent und die Ziege noch immer geistig so rege, dass sie eine interessante Gesprächspartnerin abgibt. Er ist zielstrebig, eine Eigenschaft, die auch von der Ziege in ausreichendem Maß gelebt wird. Allerdings ist er sehr auf sich selber bezogen und kommt kaum auf die Idee, dass er seine Partnerin ab und zu loben sollte.

Die Ziege, die ansonsten so empfindlich auf ausbleibende Bestätigung anderer reagiert, ist beim Hahn diesbezüglich erstaunlich resistent. Allerdings bringt sie nicht mehr die Energie auf, ihm auf Dauer immer wieder zu bestätigen, wie toll er ist. Außerdem durchschaut sie deutlich früher als er, wenn er sich in seinen Fantasiewelten des Erfolges verflogen hat und wieder einmal glaubt, er habe sein Ziel bereits erreicht, noch bevor er überhaupt aktiv geworden ist. Das sagt sie ihm dann auch auf ihre nicht immer diplomatische Art, meint es aber im Grunde nicht böse. Leider reagiert er aber überaus beleidigt und wendet sich ab.

Für eine dauerhafte Freundschaft sollte es zwischen Ziege und Hahn allemal reichen. Eine fruchtbare Beziehung wird allerdings meist an der Eitelkeit des Hahns und den Selbstzweifeln der Ziege scheitern. Denn damit haben sie diametral entgegengesetzte Schwächen, die die fatale Eigenschaft haben, zusammen schwerer zu wiegen als jede für sich allein genommen.

Betrachtet man die Hahn-Ziege-Paarung unter Berücksichtigung der Elemente, dann ergeben sich folgende tendenziell Erfolg versprechende Beziehungen, die aufgrund der Altersabstände zum Teil auch noch einigermaßen realistisch sind:

- Der Feuer-Hahn (1957) profitiert besonders von Holz-Ziegen (1955) und Wasser-Ziegen (1943, 2003). Die Partnerschaft mit einer Feuer-Ziege (1907, 1967) ist noch immer gut, wenngleich das Verhältnis zwischen den beiden recht konfliktträchtig ist.
- Der Erd-Hahn (1909, 1969) profitiert besonders von Feuer-Ziegen (1907, 1967) und Holz-Ziegen (1955). Gemeinsam mit einer Erd-Ziege (1919, 1979) sind die Chancen ebenfalls gut.

- Der Metall-Hahn (1921, 1981) profitiert besonders von Erd-Ziegen (1919, 1979) und Feuer-Ziegen (1907, 1967). Gemeinsam mit einer Metall-Ziege (1931, 1991) sind die Chancen ebenfalls gut.
- Der Wasser-Hahn (1933, 1993) profitiert besonders von Metall-Ziegen (1931, 1991) und Erd-Ziegen (1919, 1979). Gemeinsam mit einer Wasser-Ziege (1943, 2003) sind die Chancen ebenfalls gut.
- Der Holz-Hahn (1945, 2005) profitiert schließlich besonders von Wasser-Ziegen (1943, 2003) und Metall-Ziegen (1931, 1991). Gemeinsam mit einer Holz-Ziege (1955) sind die Chancen ebenfalls gut.

Hahn mit Affe

Hahn und Affe – Affe und Hahn: Hier treffen endlich wieder einmal zwei Vertreter des Tierkreises aufeinander, die uneingeschränkt „Ja" zueinander sagen. Für den männlich dominierten Affen ist der weiblich geprägte Hahn als Partner einfach eine Idealbesetzung. Er sieht in ihm den Spiegel des eigenen Anspruchs auf Glück, ist stolz auf seinen eleganten Partner und amüsiert sich über dessen Anwandlungen von Exzentrik. Der Hahn seinerseits findet den Affen herzerfrischend unterhaltsam, lacht über seine Witze und sonnt sich in seinen Kontakten.

Beide haben einen ähnlich wachen Verstand, können stundenlang miteinander diskutieren, ohne ins Streiten zu kommen, und haben ein untrügliches Gespür dafür, wann der andere ihren Applaus erwartet. Und den geben sie sich auch reichlich gegenseitig.

Aber es gibt nicht nur Parallelen, sondern auch Unterschiede. Und in diesem Fall ergänzen sich diese Unterschiede ideal. Der Hahn mildert die Oberflächlichkeit des Affen und stellt ihm ein Mindestmaß an Struktur zur Verfügung. Der Affe stutzt seinerseits den Stolz des Hahnes immer wieder auf ein erträgliches Mindestmaß zurecht. Das akzeptiert der Hahn übrigens ansonsten nur von der Ratte und keinem weiteren Vertreter des Tierkreises.

Miteinander haben die beiden alle Voraussetzungen, um ein erfolgreiches Leben zu führen, das mit einem gewissen Luxus und unendlich viel gemeinsamen Aktivitäten ausgefüllt ist. Außenstehenden mag es mitunter etwas hohl erscheinen. Die beiden fühlen sich dagegen rundherum wohl. Und darauf kommt es schließlich an.

Betrachtet man die Hahn-Affe-Paarung unter Berücksichtigung der Elemente, dann ergeben sich folgende für die Ziege günstige Beziehungen – wobei bei einigen Konstellationen der Altersunterschied so groß ist, dass es allein aus diesem Grund günstigere Kombinationen gibt:

- Der Feuer-Hahn (1957) profitiert besonders von Holz-Affen (1944, 2004) und Wasser-Affen (1932, 1992). Die Partnerschaft mit einem Feuer-Affen (1956) ist aus Sicht der beiden neutral.
- Der Erd-Hahn (1909, 1969) profitiert besonders von Feuer-Affen (1956) und Holz-Affen (1944, 2004). Gemeinsam mit einem Erd-Affen (1908, 1968) sind die Chancen ebenfalls neutral.
- Der Metall-Hahn (1921, 1981) profitiert besonders von Erd-Affen (1908, 1968) und Feuer-Affen (1956). Gemeinsam mit einem Metall-Affen (1920, 1980) sind die Chancen ebenfalls neutral.
- Der Wasser-Hahn (1933, 1993) profitiert besonders von Metall-Affen (1920, 1980) und Erd-Affen (1908, 1968). Ge-

meinsam mit einem Wasser-Affen (1932, 1992) sind die Chancen ebenfalls neutral.

- Der Holz-Hahn (1945, 2005) profitiert schließlich besonders von Wasser-Affen (1932, 1992) und Metall-Affen (1920, 1980). Gemeinsam mit einem Holz-Affen (1944, 2004) sind die Chancen ebenfalls neutral.

Hahn mit Hahn

Gleich und gleich gesellt sich gerne – das mag für andere Lebewesen gelten; auf Hähne trifft das jedoch nicht zu. Wenn diese Vertreter des Tierkreises aufeinanderstoßen, ist Krach angesagt. Ähnlich schlimm ist es eigentlich nur, wenn zwei Schlangen aufeinanderstoßen. Die leiden unter einer unüberwindbaren Abneigung. Bei zwei Hähnen herrscht dagegen oft offener Krieg.

Beide haben den Anspruch auf die Herrschaft im Hühnerhof, beide haben sehr feste Vorstellungen, wie das Leben laufen sollte, und beide sind eitel. In seltenen Fällen gelingt es ihnen, sich ihre Prächtigkeit in ausreichendem Maße gegenseitig zu bestätigen. In der Regel warten sie jedoch vergeblich auf die Anerkennung des anderen.

Weichen sie dann noch in ihren Ansichten und Werten voneinander ab, wird gekämpft; bevorzugt mit der Hilfe ihres scharfen Verstandes. Dann fliegen die spitzen Bemerkungen nur so durch die Luft. Unfreiwillige Beobachter solcher Szenen haben das Gefühl, gleich mit dem Hahnenkampf gezogen zu werden. Da Hähne nicht einlenken können, sind extreme Verletzungen vorprogrammiert. Daher wird einer von beiden – in aller Regel ist es der Mann – irgendwann das Weite suchen und sich nach Partnern umsehen, die ihn eher zu schätzen wissen.

Betrachten wir die Hahn-Hahn-Paarung unter Berücksichtigung der Elemente, dann ergeben sich folgende Erfolg versprechende Beziehungen – wobei die Idealkombinationen sehr weit im Alter auseinanderliegen, was die Wahrscheinlichkeit für solche Beziehungen recht unwahrscheinlich macht:

- Der Feuer-Hahn (1957) profitiert am ehesten von Holz-Hahn (1945, 2005) und Wasser-Hahn (1933, 1993). Die Partnerschaft mit einem Feuer-Hahn (1957) ist neutral.
- Der Erd-Hahn (1909, 1969) profitiert am ehesten von Feuer-Hahn (1957) und Holz-Hahn (1945, 2005). Gemeinsam mit einem Erd-Hahn (1909, 1969) sind die Chancen neutral.
- Der Metall-Hahn (1921, 1981) profitiert am ehesten von Erd-Hahn (1909, 1969) und Feuer-Hahn (1957). Gemeinsam mit einem Metall-Hahn (1921, 1981) sind die Chancen neutral.
- Der Wasser-Hahn (1933, 1993) profitiert am ehesten von Metall-Hahn (1921, 1981) und Erd-Hahn (1909, 1969). Gemeinsam mit einem Wasser-Hahn (1933, 1993) sind die Chancen neutral.
- Der Holz-Hahn (1945, 2005) profitiert schließlich am ehesten von Wasser-Hahn (1933, 1993) und Metall-Hahn (1921, 1981). Gemeinsam mit einem Holz-Hahn (1945, 2005) sind die Chancen ebenfalls neutral.

Hahn mit Hund

Hund und Hahn mögen sich im Grunde gut leiden; leben sie doch in vergleichbaren Welten, sind dabei aber unterschiedlich genug, um sich nicht gegenseitig auf die Nerven zu gehen. Beide sind optimistisch und grundsätzlich gut gelaunt, wobei der Hund deutlich weniger unter Gefühlsschwankungen leidet als sein gefiederter Partner und deshalb auch ganz gut für Ausgleich sorgen kann. Der Hahn wiederum bringt zusätzlichen Schwung in das Zusammenleben der beiden und würzt es mit einer gehörigen Portion Wortwitz. Daran muss sich der Hund allerdings erst gewöhnen und sich ein dickeres Fell zulegen, als er das von Natur aus hat.

Im Grunde ist die Aufgabenverteilung in dieser Beziehung klar: Der Hahn sorgt für die grundsätzliche Ordnung, der Hund achtet noch einmal besonders darauf, dass es auch gerecht zugeht.

Die größte Gefahr droht dieser Beziehung, wenn die Loyalität des Hundes ausartet. Der Hahn weiß zwar ein nettes Abenteuer zu schätzen, ist aber nicht notorisch untreu, wenn er sich einmal zu einer festen Bindung durchgerungen hat. Er fühlt sich durch die Nähe, die sein Hunde-Partner sucht, hin und wieder zu stark eingeschränkt. Er seinerseits leidet aber an ähnlichen Anwandlungen und entwickelt Eifersüchte, wo überhaupt kein Grund vorhanden ist. Dennoch haben die beiden gute Chancen, sich so weit zu arrangieren, dass sie glücklich und zufrieden zusammenleben können.

Betrachtet man die Hahn-Hund-Paarung unter Berücksichtigung der Elemente, dann ergeben sich folgende besonders Erfolg versprechende Beziehungen, wobei die meisten aufgrund des großen Altersunterschiedes aber leider eher unrealistisch sind:

- Der Feuer-Hahn (1957) profitiert besonders von Holz-Hunden (1934, 1994) und Wasser-Hunden (1922, 1982). Die Partnerschaft mit einem Feuer-Hund (1946, 2006) ist aus Sicht des Hahnes auch noch gut.
- Der Erd-Hahn (1909, 1969) profitiert besonders von Feuer-Hunden (1946, 2006) und Holz-Hunden (1934, 1994). Ge-

meinsam mit einem Erd-Hund (1958) sind die Chancen ebenfalls gut.

- Der Metall-Hahn (1921, 1981) profitiert besonders von Erd-Hunden (1958) und Feuer-Hunden (1946, 2006). Gemeinsam mit einem Metall-Hund (1910, 1970) sind die Chancen ebenfalls gut.
- Der Wasser-Hahn (1933, 1993) profitiert besonders von Metall-Hunden (1910, 1970) und Erd-Hunden (1958). Gemeinsam mit einem Wasser-Hund (1922, 1982) sind die Chancen ebenfalls gut.
- Der Holz-Hahn (1945, 2005) profitiert schließlich besonders von Wasser-Hunden (1922, 1982) und Metall-Hunden (1910, 1970). Gemeinsam mit einem Holz-Hund (1934, 1994) sind die Chancen ebenfalls gut.

Hahn mit Schwein

Hahn und Schwein laufen in aller Regel laut schreiend – bzw. grunzend – auseinander, wenn sie sich begegnen. Denn obwohl beide ein gewisses gemeinsames Bedürfnis nach Wahrheit haben, äußert es sich bei ihnen so unterschiedlich, dass Missverständnisse einfach unvermeidbar sind. Das Schwein ist ehrlich, hält aber die gerade, direkte Art des Hahns nur schlecht aus. Und der Hahn kommuniziert zwar geradeheraus, übertreibt dabei aber oft so, dass es beim Schwein wie eine Lüge ankommt.

So hält das Schwein sein gefiedertes Gegenüber für einen aufgeblasenen, eitlen Gockel, der an nichts anderem als an sich selbst interessiert ist, während der Hahn dem Schwein insgeheim Dummheit unterstellt. Dieses Spiel spielen die beiden so intensiv, dass beide die guten Absichten übersehen, die der jeweils andere im Grunde hat.

Da man sowohl dem Hahn wie auch dem Schwein nicht gerade Toleranz und Gelassenheit im Umgang mit anderen nachsagen kann, liegen die Missstimmungen dicht unter der Oberfläche. Das Schwein bekommt dann einen Wutausbruch; der Hahn hält sich nicht einmal damit auf, sondern sucht fluchtartig das Weite.

Im Grunde ist das jedoch schade; würden diese beiden Vertreter des weiblichen Prinzips Yin viel miteinander weiterbringen. Der Hahn könnte darauf achten, dass es das Schwein in seiner Hilfsbereitschaft nicht zu weit treibt; während das Schwein seinerseits für den Hahn einen guten Gesprächspartner abgäbe. Aber leider wollen die beiden nicht miteinander und so reicht es oft noch nicht einmal für eine lose Freundschaft; von Liebesbeziehung ganz zu schweigen.

Betrachtet man die Hahn-Schwein-Paarung unter Berücksichtigung der Elemente, dann ergeben sich folgende halbwegs akzeptable Beziehungen – wobei auch hier allein aufgrund der großen Altersabstände nachvollziehbar ist, dass es günstigere Verbindungen gibt:

- Der Feuer-Hahn (1957) profitiert besonders von Holz-Schweinen (1935, 1995) und Wasser-Schweinen (1923, 1983). Die Partnerschaft mit einem Feuer-Schwein (1947, 2007) ist ebenfalls sehr gut.
- Der Erd-Hahn (1909, 1969) profitiert besonders von Feuer-Schweinen (1947, 2007) und Holz-Schweinen (1935, 1995). Mit einem Erd-Schwein (1959) sind die Chancen ebenfalls sehr gut.
- Der Metall-Hahn (1921, 1981) profitiert besonders von Erd-Schweinen (1959) und Feuer-Schweinen (1947, 2007). Mit einem Metall-Schwein (1911, 1971) sind die Chancen ebenfalls sehr gut.

Der Hahn

- Der Wasser-Hahn (1933, 1993) profitiert besonders von Metall-Schweinen (1911, 1971) und Erd-Schweinen (1959). Gemeinsam mit einem Wasser-Schwein (1923, 1983) sind die Chancen ebenfalls gut.
- Der Holz-Hahn (1945, 2005) profitiert schließlich besonders von Wasser-Schweinen (1923, 1983) und Metall-Schweinen (1911, 1971). Gemeinsam mit einem Holz-Schwein (1935, 1995) sind die Chancen ebenfalls gut.

Der Hahn in der westlichen Astrologie

Dass es nur begrenzt sinnvoll ist, das chinesische Horoskop mit dem europäischen zu mischen, liegt auf der Hand. Bleibt man beim rein chinesischen System, so modifiziert der Monatsregent, dessen jeweiliger Geltungsbereich sich zur Hälfte mit einem europäischen Tierkreiszeichen überschneidet (vergleiche Tabelle 6, Seite 62), den Jahresregenten. Nun einfach den chinesischen Monatsregenten mit dem entsprechenden europäischen Pendant auszutauschen, greift allerdings viel zu kurz.

Beide Systeme entstanden durch die Beobachtung natürlicher Abläufe und Rahmenbedingungen. Man integrierte diese Beobachtungen nicht nur in komplett unterschiedliche Kalendersysteme, sondern hatte zusätzlich auch noch gänzlich andere Vorstellungen vom Wesen der Zeit. Aus diesem Grund ist es aber auch kein Beweis für die Unrichtigkeit der Beobachtungen, wenn beide Horoskopsysteme zu unterschiedlichen Ergebnissen kommen.

Wagen wir also das Experiment, wenngleich mit den erwähnten Einschränkungen, und stellen wir die unterschiedlichen Systeme nebeneinander. Dabei gehen wir davon aus, dass das europäische Sternzeichen einen ähnlich modifizierenden Einfluss auf den Jahresregenten besitzt wie der chinesische Monatsregent.

Widder-Hahn

Beginnen wir unseren Vergleich mit dem Widder-Hahn, also jenem Hahn, der zwischen dem 21. März und dem 20. April geboren wurde. Widder-Hähne möchten unbedingt die Herren im Hühnerhof sein, und dafür sind sie auch wie geschaffen. Als Frühaufsteher haben sie die besten Körner bereits aufgepickt, ehe die anderen überhaupt aus den Federn sind. So sind sie ihrer Umgebung nicht nur ständig eine Nasenlänge voraus, sondern verfügen auch über zusätzliche Energie – die sie dann in mehr oder minder blutige, jedenfalls aber sehr kraftvolle Hahnenkämpfe stecken.

Wenn es ihnen gelingt, sich zu zwingen, eine Angelegenheit bis zum Ende durchzudenken, haben sie alle Aussichten auf Erfolg. Sie brauchen lange, bis sie sich für einen Partner entscheiden. Schnellen Sex nehmen sie dagegen mit, wo auch immer er sich bietet. Doch wenn sie einmal den Partner fürs Leben gefunden haben, sind sie für ihn ein besonders elegantes und attraktives Gegenüber.

Stier-Hahn

Die Nächsten im Reigen des ungewöhnlichen Vergleichs sind die Stier-Hähne, also jene Hähne, die zwischen dem 21. April und dem 20. Mai auf die Welt gekommen sind. Stier-Hähne sind toleranter und beständiger als andere Hähne. Sie benötigen auch nicht die Bestätigung durch den täglichen Kampf, um zu wissen, dass sie die Herren der Lage sind. Als blendende Organisatoren haben sie ihr Leben fest im Griff, sie überlassen nichts so leicht dem Zufall. Auch nicht den Eindruck, den sie auf andere machen. Für ihr perfektes Outfit sind sie bereit, schwer zu arbeiten, denn ihre elegante Kleidung und ein Leben auf großem Fuß, so wie sie es lieben, kostet einiges. Als Partner sind sie recht besitzergreifend, aber nicht stur. Wenn man sie genug streichelt, kann man so gut wie alles von ihnen haben.

Zwillinge-Hahn

Als Nächste betreten die Zwillinge-Hähne unseren Vergleichsreigen. Es sind jene Hähne, die zwischen dem 21. Mai und dem 21. Juni geboren wurden.

Zwillinge-Hähne bringen viel Bewegung ins Leben der Menschen, mit denen sie zu tun haben. Sie verfügen über einen besonders scharfen Intellekt und sind im Gespräch grandiose Meister der „feinen Klinge". Wer mit ihnen diskutiert, sollte sich daher auf einiges gefasst machen – nur nicht darauf, dass der Zwillinge-Hahn ernsthaft auf seine Argumente eingeht und sich mit ihnen auseinandersetzt.

Ihr Bedürfnis, sich bei geeigneter Gelegenheit im richtigen Licht zu präsentieren, hält sie beständig in Bewegung. Daher wirken sie auch besonders rastlos. Mit häuslichem Kleinkram werden sie sich nicht lange abgeben. Dennoch brauchen sie viel Bewunderung und Verständnis von Seiten ihres Partners. Und wenn auch noch seine Familie in das Loblied einstimmt, dann ist der Zwillinge-Hahn ganz zufrieden.

Krebs-Hahn

Als Nächste treten mit den Krebs-Hähnen besonders sensible, empfindsame und feinfühlige Geschöpfe auf den Plan. Sie wurden in der Zeit zwischen dem 22. Juni und dem 22. Juli geboren und sind ein Widerspruch in sich. Einerseits ist der Hahn voller Selbstvertrauen, das zwar ab und zu über das Ziel hinausschießt, aber ihn nie ganz im Stich lässt. Andererseits hat der Krebs ein echtes Problem mit diesem Selbstvertrauen. Deshalb braucht er ja auch im übertragenen Sinn einen Panzer, in den er sich ab und zu zurückziehen kann.

Bei Krebs-Hahn äußert sich dieser Zwiespalt auf eine ganz eigene Art und Weise. Am besten trifft es der Vergleich mit dem „kopflosen Huhn", das ohne rechtes Ziel aufgeregt durch die Gegend flattert und dabei dumme Fehler macht. Auf ihre eigene verschrobene Weise sind sie jedoch nicht ineffizient und recht gut organisiert, haben ein gutes Gedächtnis und sind nur sehr anfällig für Schmeicheleien durch falsche Freunde.

Löwe-Hahn

Löwe-Hähne sind jene Hähne, die zwischen dem 23. Juli und dem 23. August geboren wurden. Sie wollen glänzen, brillieren und strahlen. Jede Frage, warum sie etwas gerade so machen, wie sie es tun, empfinden sie als ungerechtfertigte

Einmischung in ihre großherrschaftlichen Angelegenheiten. Wo sie auf genug Anerkennung und Applaus stoßen, ist mit ihnen gut auszukommen. Diplomatie und Takt sind allerdings nicht ihre Stärken. Diese Qualitäten gehören für sie zu den Kleinigkeiten, mit denen sie sich am liebsten gar nicht erst abgeben. Großangelegte Pläne und weit gespannte Vorhaben, mit denen sie andere beglücken wollen, sind das Gebiet, in dem sie sich zu Hause fühlen. Wenn dort auch noch jemand ist, der hinter ihnen mit an einem Strang zieht, sind sie vollauf glücklich.

Jungfrau-Hahn

Jungfrau-Hähne, die zwischen dem 24. August und dem 23. September geboren wurden, sind die Organisationstalente schlechthin, Effizienz ist ihr Metier, auch noch kleinste Details finden ihre Aufmerksamkeit. Da sie dabei erfrischend direkte, wohlfundierte Ansichten einbringen, sind sie erfolgreich und anerkannt. Wo die Anerkennung ausbleibt, ziehen sie sich von der Welt zurück, was die Welt ärmer macht.

Ihr Qualitätsbewusstsein und ihre Präzision sichern ihnen in Berufen, in denen es auf Genauigkeit und verantwortungsvolle Kontrolle ankommt, große Anerkennung. Als Partner neigen diese Hähne mitunter zu besonderer Pedanterie. Sie wollen alles – seien es Gedanken, seien es Briefmarkensammlungen oder verstaubte Sportpokale – systematisieren, ordnen und verstauen. Chaotischere Vertreter des Tierkreises bekommen damit mitunter Probleme.

Waage-Hahn

Wenden wir uns dem nächsten Vertreter der chinesisch-europäischen Horoskopverschmelzung zu, den zwischen dem 24. September und dem 23. Oktober geborenen Waage-Hähnen. Bei ihnen handelt es sich um besonders feinfühlige Menschen mit einem ausgeprägten Sinn für Ästhetik und das, was sich gehört. Intelligent und diplomatisch, immer korrekt und angemessen gekleidet, steht ihnen ein weites Betätigungsfeld offen. Zudem sind sie teamfähig.

Ihre schwache Seite tritt zutage, wenn sie Entscheidungen zu fällen haben. Im Grunde sind sie nämlich so mit sich beschäftigt, dass es endlos zu dauern scheint, bis sie sich zu einem eindeutigen „Ja" oder einem eindeutigen „Nein" durchringen können. Haben sie zu einem anderen Menschen aber erst einmal „Ja" gesagt, sind sie aufmerksame Partner und einfühlsame Liebhaber.

Skorpion-Hahn

Deutlich weniger harmonisch gehen Skorpion-Hähne mit ihrer ausgeprägten Willenskraft durchs Leben. Sie kamen zwischen dem 24. Oktober und dem 22. November auf die Welt und sind außerordentlich machtbewusst. Das macht sie zu schwierigen Teamkollegen. Skorpion-Hähne wollen auf jeden Fall bemerkt werden und auf allen Ebenen siegen. Sie beherrschen den Hühnerhof auch, indem sie Sex und Macht verbinden, doch ihren Hennen wird es sicher niemals langweilig mit ihnen.

Große Meister der Ausdauer sind sie gerade nicht, doch erfolgreich, wenn es darum geht, etwas durch viel Einsatz zu erreichen. Was sie sagen, hat meist Hand und Fuß, und was sie mit Witz und Schlagfertigkeit nicht erreichen können, gelingt ihnen mit Hilfe ihres Stachels und ihres Sporns.

Schütze-Hahn

Schütze-Hähne, die zwischen dem 23. November und dem 21. Dezember geboren wurden, nehmen kein Blatt vor den Mund, sind als Diplomaten eine Katastrophe und formulieren die Dinge meist so, wie sie sind – oder zumindest so, wie sie sie sehen. Gelegentlich lieben sie es, zu philosophieren. Dann verlieren sie sich leicht in den endlosen Weiten ihrer Gedankengänge. Im Grunde sind sie aber recht pragmatisch und an der praktischen Umsetzung ihrer Gedanken interessiert.

Meist ist ihr Outfit erdverbunden und praktisch, stets der Situation angemessen und nie überkandidelt. Sie reisen gern und unterhalten sich gern mit ihresgleichen, sind weltoffen und haben oft Partner aus einer fremden Kultur. Wenn sie einen Beruf ausüben müssen, in dem sie zum Stillsitzen vergattert sind, sind sie kreuzunglücklich – Abwechslung und frische Luft ist ihnen ein Bedürfnis. Und dabei wünschen sie sich auch die Begleitung – und den Applaus – ihres Partners.

Steinbock-Hahn

Steinbock-Hähne sind Vertreter der Hühner-Familie, die zwischen dem 22. Dezember und dem 20. Januar auf die Welt kamen. Sie haben ein gutes Gespür für gesellschaftliche Zusammenhänge und wissen sehr gut, wie sie sich darin Respekt verschaffen. Sie sind sachlich und eher konservativ, wirken vertrauenswürdig, seriös und respektabel, und da sie wie alle Hähne hart arbeiten können, ist ihnen der geschäftliche Erfolg sicher.

Als Angestellte sind sie unterfordert, denn sie zerbrechen sich ständig den Kopf ihres Chefs. Als Ehepartner sind sie treu und zuverlässig, Aberteuerlust liegt ihnen fern. Und was für den Partner dieses Hahnes vielleicht sogar noch angenehmer ist: Dieser Hahn verzichtet auf scharfe Worte und spitze Bemerkungen. Was er sagt, ist sachlich und fundiert. Und anders als andere Hähne vergreift er sich auch sonst nicht im Ton, etwa, indem er zu laut wird.

Wassermann-Hahn

Wassermann-Hähne kamen zwischen dem 21. Januar und dem 19. Februar zur Welt und verwirren andere mit ihrer ungewöhnlichen Art und Weise, die Dinge anzugehen. Sie sprühen vor Exzentrik, sind stets für Überraschungen gut und lassen sich so schnell in kein Korsett pressen. Mit den meisten Menschen kommen sie prima zurecht. Und wenn nicht, dann kommen sie auch ganz gut eine Weile ohne Gesellschaft aus. Ihre Ideen und Visionen sind ihnen Unterhaltung genug.

Da sie auf ihre eigenen Leistungen stolz sein können, leiden sie meist auch nicht unter überflüssigen Minderwertigkeitskomplexen. Sie benötigen einen anspruchsvollen Job, in dem sie mit Menschen in ungewöhnlichen Situationen zu tun haben, darin können sie ihre eigenen Fähigkeiten am glücklichsten einsetzen.

Fische-Hahn

Die zwischen dem 20. Februar und dem 20. März geborenen Fische-Hähne sind empfindliche, sensible Seelen, verwundbar und keineswegs so selbstsicher wie andere Hähne. Erst wenn sie sich eine abgesicherte, stabile private und häusliche Umgebung geschaffen haben, ändert sich das. Aus ihrem häuslichen Glück beziehen sie dann ein Selbstbewusstsein, das sie zu ruhigen, angenehmen Zeitgenossen macht.

Am heimischen Herd können sie sich entspannen und werden zu liebenswerten Geschöpfen, mit denen man viel Spaß haben kann. Als Heiratspartner sind sie daher sehr gefragt, und sie geben auch prachtvolle Dauerpartner ab. Wenn man sie in die Ecke treibt, kämpfen sie zwar, aber lieber ist es ihnen, das Feuer zu löschen und Dinge friedlich anzugehen.

Berühmte Hähne

Es liegt in der Natur von Prominentenlisten, dass dort Politiker neben Künstlern und Sportlern überrepräsentiert sind. Denn mit welchen anderen Berufen lässt sich schon eine Prominenz erwerben, die eine Aufnahme in derartige Listen rechtfertigt.

Bei einer Aufzählung prominenter Hähne begegnet einem ein relativ repräsentativer Querschnitt durch die Berufe, die ein gewisses Maß an Prominenz versprechen, wobei allen beschriebenen Personen ein besonders stark ausgeprägter Hang zur Eitelkeit nachgesagt werden kann. Und noch etwas fällt auf: Die berühmten Hähne teilen sich in zwei sehr unterschiedliche Fraktionen – in starke Frauen und exzentrische, geniale Männer. Auf der weiblichen Seite reicht die Palette von Katharina der Großen über Maria Theresia bis zu Steffi Graf, auf der männlichen von Giuseppe Verdi und Richard Wagner über Eric Clapton bis zu Konfuzius und Errol Flynn.

Metall-Hahn Hans Joachim Kuhlenkampff

Wenden wir uns in den folgenden Beschreibungen berühmter Hähne zunächst einem typischen Metall-Hahn zu, nämlich dem deutschen Schauspieler, Fernsehmoderator und Quizmaster Hans Joachim Kuhlenkampff. Kuhlenkampff wird am 27. April 1921 in Bremen in eine bürgerliche Familie geboren. Zu seinem Glück haben seine Eltern Verständnis für die früh erwachte Theaterleidenschaft des jungen Kuhlenkampff und lassen ihn am Deutschen Theater in Berlin Schauspiel studieren. Doch noch bevor er sein Talent auf der Bühne tatsächlich unter Beweis stellen kann, wird er zur Wehrmacht eingezogen.

Aber aufgeschoben ist bekanntlich nicht aufgehoben und ab 1946 steht Kuhlenkampff auf der Bühne und arbeitet als Radiomoderator. Vor allem auf den Brettern, die die Welt bedeuten, ist der Mittzwanziger von Anfang an erfolgreich. Von ihm geht die typische Ausstrahlung eines Metall-Hahns aus: Er vermittelt den Eindruck, stark und charakterfest zu sein, klare Ziele zu haben und viel Energie mobilisieren zu können.

Mit seinem späteren Erfolgsmetier kommt Kuhlenkampff auf der Funkausstellung 1953 erstmals in Berührung. Dort moderiert er seine erste Fernsehshow „Wer gegen wen?“ Das deutsche Fernsehpublikum schließt den jungen Mann und das junge Medium gleichermaßen ins Herz. Kuhlenkampff gilt als ebenso charmant wie schlagfertig – von einem Metall-Hahn ist auch nichts anderes zu erwarten. Besonders gelungen fällt in dieser Zeit auch die Partnerschaft mit einem anderen Hahn, dem Erd-Hahn Heinz Erhardt, aus. Was in der Liebe nur selten klappt, gelingt den beiden Komiker-Hähnen: Sie arbeiten harmonisch zusammen und ergänzen sich zu einem höchst erfolgreichen Paar. Von Dauer ist diese Beziehung allerdings nicht.

Kuhlenkampff wendet sich wieder der Fernsehshow zu, während Erhardt neben dem Film auf Schallplatten und Lifeauftritte setzt. Doch zurück zu Kuhlenkampff. Der moderierte unter anderem von 1964 bis 1969 sowie von 1979 bis 1987 solche Quiz-Dauerbrenner wie „Einer wird gewinnen“ und

1993 „Der große Preis", nachdem Wim Thoelke überraschend in den Ruhestand gegangen war. Am 14. August 1998 starb Kuhlenkampff an den Folgen einer Krebserkrankung im österreichischen Seeham.

Wasser-Hahn Joan Collins

Der Nächste in unserer Beschreibung prominenter Hähne ist ein Wasser-Hahn – oder besser gesagt eine Wasser-Henne, nämlich die britische Schauspielerin Joan Collins. Joan Henrietta Collins wird am 23. Mai 1933 in London geboren, wobei man bei ihr mit Fug und Recht sagen kann, dass ihr die Schauspielerei bereits in die Wiege gelegt wird. Sie ist eines von drei Kindern eines Theateragenten, der bereits früh beginnt, die Töchter Joan und Jackie entsprechend zu positionieren. Tatsächlich gelingt der hübschen Joan bereits in den 50er-Jahren der Einstieg ins Filmgeschäft, sie spielt beispielsweise an der Seite von Roger Moore und Tony Curtis in der skurril-witzigen Krimiserie „Die Zwei". Schwester Jackie verlegt sich dagegen mehr aufs Schreiben, in zwei von ihr verfassten Drehbüchern übernimmt Joan später den weiblichen Hauptpart.

Insgesamt spielt die Collins mehr als 50 Filmrollen und wird damit zu einer der produktivsten britischen Schauspielerinnen. Die Rollen sind alle relativ ähnlich und einem Hahn wie auf den Leib geschneidert: Collins mimt die lasziv-erotische Frau, die um ihre Ausstrahlung weiß und das auch gnadenlos ausnutzt. Den Höhepunkt ihrer Popularität erreicht sie in den 80er-Jahren in den 219 Folgen der Serie Denver Clan, in der sie die intrigante Alexis Morell Carrington Colby Dexter Rowan spielt und ihrem Exmann und seiner neuen Frau das Leben zur Hölle macht. Sie geht so in der Rolle auf, dass die Öffentlichkeit schon nach kurzer Zeit nicht mehr recht unterscheiden kann, welche Charakterzüge nun tatsächlich zu Joan Collins gehören und welche zu der fiktiven Film-Intrigantin. Das mag daran liegen, dass das Fernsehpublikum gerne zu solchen Identifikationen greift, kann aber auch eine Folge davon sein, dass auch Alexis ein typischer Hahn zu sein scheint und damit gut zu der Darstellerin passt.

Außerdem gibt Joan Collins' Privatleben solchen Verwechslungen immer wieder neue Nahrung. So ist die Schauspielerin mittlerweile zum fünften Mal verheiratet, derzeit mit dem um 33 Jahre jüngeren Percy Gibson.

Beruflich ist der Megaerfolg als Alexis mittlerweile allerdings ein Hemmschuh, weil neue Rollenbesetzungen durch die starke inhaltliche Besetzung schwierig sind. Nach Ende der Serie wechselt Collins daher auch vorübergehend das Fach, versucht sich in den 90er-Jahren als Buchautorin von Schönheitsratgebern und Romanen, ohne aber an die großen Erfolge der Schwester heranzukommen. Seit 2006 vermarktet sie das alte Image in einer abendfüllenden Show, mit der sie zumindest in Großbritannien die Theatersäle füllt; 2007 ist sie gemeinsam mit Denver-Kollegin Linda Evans in dem Theaterstück mit dem sprechenden Namen „Legends" in Nordamerika auf Tournee.

Holz-Hahn Franz Beckenbauer

Betrachten wir als Nächstes das Leben eines Weltklasse-Sportlers, nämlich das des Holz-Hahns Franz Anton Beckenbauer, der am 11. September 1945 in München das Licht der Welt erblickt. Der junge Franz entdeckt bereits früh seine Liebe zum Fußball und spielt sehr erfolgreich in der Jugendmannschaft eines der kleineren Münchner Clubs. Spätestens mit 13 Jahren beginnt er, an eine Laufbahn als Profi-Fußballer zu denken, und plant den Wechsel zum damals größten Münchner Club, dem TSV 1860 München. Doch aus dem Plan wird nichts, Beckenbauer muss sich mit dem damals zweitgrößten Verein, FC Bayern München, begnügen.

Seine Fußballer-Karriere ist aber auch durch die zweite Wahl nicht zu bremsen. 1964 spielt Beckenbauer für den FC Bayern München in der Regionalliga und bestreitet bereits drei Länderspiele in der DFB-Jugendauswahl. Eine lange, erfolgreiche Fußballerkarriere beginnt: Unter anderem wird Beckenbauer in seiner aktiven Spielerzeit Vizeweltmeister (1966), WM-Dritter (1970), Europameister (1972), Weltmeister (1974), Vizeeuropameister (1976), Europapokalsieger (1974, 1975) und Deutscher Meister (1969, 1972, 1973 und 1974). Und als Trainer begleitet er die von ihm betreuten Mannschaften zum Vizeweltmeister (1986), Weltmeister (1990), Deutschen Meister (1994) und UEFA-Cup-Sieger (1996). Alles in allem eindrückliche Erfolge; aber am eindrücklichsten belegt seine einmalige Stellung der Beiname, den er bereits 1968 von der deutschen Presse bekommt: Kaiser Franz.

Und wie ein Kaiser führt sich der Holz-Hahn tatsächlich auf. Er herrscht, kritisiert, verträgt seinerseits aber kaum ein kritisches Wort. Daher ist sein Verhältnis zum jüngsten Liebling der deutschen Sportpresse, dem Trainerkollegen Jürgen Klinsmann, auch denkbar gespannt. Da macht ihm jemand die Herrschaft über den Hühnerhof – pardon, das Fußballfeld – streitig, und das mag ein Hahn nun eben ganz und gar nicht.

Werfen wir zur Abrundung des Bildes einen Blick auf den Privatmann Beckenbauer: Im Gegensatz zu Fußballerkollegen wie Paul Breitner oder Günther Netzer präsentiert sich Beckenbauer vergleichsweise ruhig. Fast wäre man geneigt, ihn den

Lieblingsschwiegersohn der deutschen Mütter zu nennen, wäre da nicht dieser fatale Hang des Hahns nach Bestätigung und schmückenden Beziehungen. Seine erste Ehe mit Brigitte Wittmann ist zumindest auf dem Papier noch ziemlich stabil. 1966 heiraten die beiden, adoptieren den Sohn Thomas und bekommen zwei weitere leibliche Kinder. Das offizielle Aus kommt erst 1990, allerdings lebt Kaiser Franz von 1977 bis 1988 mit der Sportfotografin Diane Sandmann zusammen. Ihretwegen kehrt er auch seiner bayrischen Heimat vorübergehend den Rücken, scheidet aus dem Nationalteam aus und heuert bei Cosmos New York an.

Auch die Beziehung mit Diane Sandmann zerbricht, weil sich Beckenbauer der nächsten Frau zuwendet. 1990 heiratet er seine zweite Frau Sybille Weimar. Die Ehe wird 2004 geschieden; zu diesem Zeitpunkt hat Beckenbauer bereits einen vierjährigen Sohn mit Heidi Burmester, das zweite Kind ist bereits unterwegs. 2006 erteilt Vater Staat auch dieser „lebenslangen" Verbindung seinen Segen. Kleines Detail am Rande: Ehefrau Nummer 3 sieht ihrer Vorgängerin zum Verwechseln ähnlich – sieht man einmal von dem erkennbaren Altersunterschied ab.

Feuer-Hahn Falco

Der Feuer-Hahn (Jahrgang 1957) ist der geborene Dramatiker, der im Hühnerhof heftig herumflattert, Staub aufwirbelt und sich letztlich dann doch wieder auf die altvertraute Hühnerstange setzt. Er setzt sich gerne in Szene. Bekommt er keinen Applaus, dann nimmt er auch mit erschreckten Blicken vorlieb. Lieber negative Aufmerksamkeit als keine Aufmerksamkeit, scheint seine Devise zu sein.

Wenden wir uns nun einem besonders feurigen Vertreter der Gattung Hahn zu, dem Feuer-Hahn Johann Hölzl, besser bekannt unter seinem Künstlernamen Falco. Dass er überhaupt das Licht der Welt erblickt, ist an und für sich bereits ein kleines Wunder. Die Mutter erleidet im dritten Monat eine Fehlgeburt, bei der sie zwei Kinder verliert. Nur durch Zufall entdecken die Ärzte, dass die Frau weiterhin schwanger ist, und so kommt der verbleibende Drilling am 19. 2. 1957 in Wien zur Welt. Früh fällt der kleine Johann durch seine musikalische Begabung auf, mit vier Jahren erhält er bereits Klavierunterricht. Ein Jahr später bescheinigt ihm die Wiener Musikakademie das absolute Gehör, also die Begabung, Töne in ihrer Höhe ohne Referenz richtig einordnen zu können.

In der Schule ist der kleine Hans zunächst unauffällig, gilt aber bereits in der Volksschule aufgrund seines Klavierspiels als „Wunderkind". In der Gymnasialzeit beginnt er allerdings immer öfter, den Unterricht zu schwänzen. Sein Interesse gilt der Musik, und so kauft er sich eine Gitarre und verlagert sein musikalisches Engagement vom Klavier auf dieses Instrument. Falcos späterer Song „Nie mehr Schule" spricht eine deutliche Sprache, und so wundert es nicht, dass er mit 16 der Schule den Rücken kehrt und eine Lehre bei einer Versicherung beginnt. In dieser Zeit gibt es aber noch eine weitere, im Grunde sogar zukunftsweisendere Veränderung in Hölzls Leben: Er verkauft seine Gitarre und legt sich seine erste Bassgitarre zu.

Mit 17 wird Hölzl Bassgitarrist in seiner ersten Band, dem „Umspannwerk", und schmeißt auch gleich die Lehre in der Versicherung, ohne zu wissen, wie es beruflich weitergehen soll. Zunächst absolviert er den Wehrdienst und beginnt dann eine Ausbildung am Wiener Jazz-Konservatorium. Auch diese Ausbildung schließt er nicht ab, eignet sich in dieser Zeit aber ein Wissen an, das er später als Musiker nutzt.

Nach einem Intermezzo als Jazz-Rocker in Berlin kehrt Hölzl nach Wien zurück und schließt sich den Szene-Bands Hallucination Company und Drahdiwaberl an und gibt sich selber den Künstlernamen Falco.

In den folgenden Jahren wird der Charakter des Hahns immer offensichtlicher. Musikalisch kennt Falco keine Halbheiten. Akribisch bis hin zur Pedanterie wird sein Feilen an seiner Musik beschrieben. Und auch im persönlichen Auftreten ist der Hahn nicht zu übersehen. Während seine Band-Kollegen in abgerissenem Punker-Outfit auf der Bühne stehen, kommt Falco im Versace-Anzug, die kurz geschnittenen Haare mit Gel nach hinten frisiert.

1980 gelingt dann der große Durchbruch: „Ganz Wien", ein Spottlied auf die aufkeimende harte Drogenszene der österreichischen Hauptstadt, ist zunächst nur ein Pausenfüller auf Drahdiwaberl-Konzerten. Aufgrund der Inhalte kam der Song, der definitiv als Reaktion auf von Falco Erlebtes entstanden war, in Österreich auf den Index der im Rundfunk nicht zu spielenden Lieder und wird damit zum Kulthit der New-Wave-Szene Wiens.

Aufgrund dieses Erfolges bekommt Falco einen Solovertrag und nimmt seinen ersten Megahit auf: „Drah di net um, der Kommissar geht um ..." Im November 1981 ist Falco mit seinem „Kommissar" Nummer 1 in Österreich, zwei Monate später auch in Deutschland. Und der Erfolgszug geht weiter: Kanada, USA, sogar in Guatemala ist der Song zu hören. Weltweit werden insgesamt mehr als 7 Millionen Singles verkauft.

Auch das Album „Einzelhaft", das 1982 auf den Markt kommt, wird ein Riesenerfolg. Ein Erfolg, der den Feuer-Hahn allerdings auch immer wieder in Selbstzweifel stößt, ob er denn die in ihn gesetzten Erwartungen auch auf Dauer befriedigen kann. Falco begegnet diesen Gefühlen immer öfter mit Alkohol und verschanzt sich in der Öffentlichkeit – und da vor allem im Umgang mit Journalisten – hinter extremer Arroganz.

Das nächste, 1984 veröffentlichte Album „Junge Römer" bleibt dann auch weit hinter den Erwartungen zurück. Die Kritiker reagieren zwar begeistert, doch das breite Publikum ist mit dem eigenen Stil sichtlich überfordert. Um gegenzusteuern, nimmt Falco die Nummer „Kann es Liebe sein" im Duett mit der bekannten Schauspielerin und Moderatorin Désirée Nosbusch auf. Die Single verkauft sich nicht einmal so schlecht, von einem echten Erfolg Marke „Der Kommissar" bleibt sie allerdings weit entfernt.

1985 setzt Falco auf das allgegenwärtige Thema Mozart, das Ergebnis ist „Rock me Amadeus", ein Song, der alle bisherigen Grenzen der deutschen Popmusik sprengen und völlig neue Maßstäbe setzen wird. Mit dem folgenden Album „Falco 3" schafft er endgültig den internationalen Durchbruch. Im Sommer dieses Jahres trifft er auch seine spätere Frau Isabella Vitkovic, sie wird knapp nach dem Kennenlernen schwanger. Jahre später erfährt „der Falke", dass er nicht der Vater der kleinen Katharina Bianca ist, ein Umstand, den er immer wieder als eine der größten Demütigungen seines Lebens bezeichnet.

Aber zunächst geht es in seinem Leben großartig weiter. Er feiert auf seiner ersten großen Europa-Tournee triumphale Erfolge und landet mit den folgenden Single-Auskoppelungen „Vienna Calling" und „Jeanny" weitere Erfolge. Und was das Beste ist: „Rock me Amadeus" wird in den USA die Nummer 1 der Hitparade. Angeblich reagiert er auf diese Nachricht so: „Nein, ich kann mich darüber nicht freuen, weil ich das nie mehr schaffen werde!"

Er soll recht behalten. Im Frühjahr 1993 hat er noch einmal eine erfolgreiche Tourneesaison, der Höhepunkt ist sein letzter großer Auftritt am 27. Juni 1993 im Rahmen des Wiener Donauinselfestes, wo ihm über 100.000 Menschen zuhören.

Aber sein Perfektionismus steht weiteren musikalischen Megaerfolgen immer stärker im Weg. 1996 verlegt er seinen Wohnsitz in die Dominikanische Republik, wo er am 6. Februar 1998 bei einem Autounfall ums Leben kommt.

Erd-Hahn Heinz Erhardt

Wenden wir uns nun dem letzten Vertreter der Hühner-Familie, nämlich einem typischen Erd-Hahn, zu. Heinz Erhardt kommt am 20. Februar 1909 in Riga zur Welt. Seine Kindheit verbringt er nach der Trennung seiner Eltern vor allem bei den Großeltern in Riga. Der Großvater bringt ihm das Klavierspielen bei, wehrt sich aber gegen eine Profilaufbahn des Enkels und bringt ihn zunächst als Lehrling in einem Musikhaus unter.

Früh zeigt Erhardt die typische, geschliffene Sprache eines Erd-Hahns, der seine Umgebung scharf beobachtet, Fakten sammelt und dies dann in trockenem, mitunter leicht skurrilem Humor verpackt wiedergibt. Aber so weit sind wir noch nicht. Zunächst bricht Erhardt mit 17 Jahren seine Schullaufbahn ohne Abitur ab und wird vom Großvater nach Leipzig geschickt, um dort eine kaufmännische Lehre zu absolvieren. Erhardt verbringt seine Zeit allerdings lieber am Konservatorium, wo er Klavier und Komposition studiert, als bei seinem Lehrherrn und verdient sich erste Lorbeeren als Stegreifkomiker bei bunten Abenden. Kurz nach seiner Rückkehr nach Riga stirbt der Großvater und Erhardt verlegt seine Aktivitäten immer stärker auf die Bühne. 1932 debütiert er am Deutschen Theater in Riga, muss seinen Lebensunterhalt aber nach wie vor im Musikhandel verdienen.

1935 lernt er seine Lebensliebe, Gilda Zanetti, kennen, ein Jahr später heiraten die beiden. Insgesamt bekommen sie vier

Kinder, die von Erhardts Schwiegermutter betreut werden, während ihn seine Frau auf Gastspiele und zu Dreharbeiten begleitet. Doch zunächst dichtet und komponiert Erhardt eher im Verborgenen. Erst 1938 gelingt nach einem Umzug nach Berlin der Durchbruch. Er tritt erstmals als Komiker und Pianist in Erscheinung und begeistert sein Publikum durch seinen verdrehten, trockenen Wortwitz und seine selbstironische Art. 1941 wird er eingezogen, kann aber in der Truppenbetreuung unterkommen. Seine Waffe bleibt das Wort, mit dem er an der Front für gute Laune bei den Soldaten sorgt.

Nach dem Krieg nimmt Erhardt seine humoristischen Aktivitäten in Hamburg bei einem Radiosender auf und holt seine Familie in die Hansestadt nach. Schnell fasst er auch auf den Bühnen wieder Fuß, ganz anders, als er selber dichtete: „Viele betreten ja die Bretter, die die Welt bedeuten – und merken nicht, dass sie auf dem Holzweg sind."

1957 folgt das Medium Film – „Einfach, weil ich selber so gut auf eine Breitwand passe", witzelt Erhardt selbstironisch. Insgesamt entstehen in den folgenden 15 Jahren 39 Erhardt-Filme. 1963 erscheint der erste Gedichtband „Noch ´n Gedicht".

1971 hat Erhardt einen Schlaganfall, der sein Sprachzentrum lähmte. Der Komiker verstand zwar noch jedes Wort, konnte aber selber weder sprechen noch schreiben. Acht Jahre dauerte das Martyrium, bis er am 5. Juni 1979 – drei Tage nach der Verleihung des Bundesverdienstkreuzes – starb.

Quellen- und Literaturhinweise

Termine der Jahresanfänge:
http://www.hko.gov.hk/gts/time/conversion.htm
http://www.chiniseastrology.com
http://www.bernhardpeter.de

Ulrike Müller-Kaspar (Hrsg.): Die Welt der Symbole, tosa 2005
Adrienne v. Taxis, Astrologie, tosa 1997

Jahresbeginn nach dem chinesischen Mondkalender	Ihr Tierkreis-zeichen	Jahresbeginn nach dem chinesischen Bauernkalender
15. 02. 1961	Büffel	04. 02. 1961
05. 02. 1962	Tiger	04. 02. 1962
25. 01. 1963	Hase	04. 02. 1963
13. 02. 1964	Drache	05. 02. 1964
02. 02. 1965	Schlange	04. 02. 1965
21. 01. 1966	Pferd	04. 02. 1966
09. 02. 1967	Ziege	04. 02. 1967
30. 01. 1968	Affe	05. 02. 1968
17. 02. 1969	Hahn	04. 02. 1969
06. 02. 1970	Hund	04. 02. 1970
27. 01. 1971	Schwein	04. 02. 1971
16. 02. 1972	Ratte	05. 02. 1972
03. 02. 1973	Büffel	04. 02. 1973
23. 01. 1974	Tiger	04. 02. 1974
11. 02. 1975	Hase	04. 02. 1975
31. 01. 1976	Drache	05. 02. 1976
18. 02. 1977	Schlange	04. 02. 1977
07. 02. 1978	Pferd	04. 02. 1978
28. 01. 1979	Ziege	04. 02. 1979
16. 02. 1980	Affe	05. 02. 1980
05. 02. 1981	Hahn	04. 02. 1981
25. 01. 1982	Hund	04. 02. 1982
13. 02. 1983	Schwein	04. 02. 1983
02. 02. 1984	Ratte	04. 02. 1984
20. 02. 1985	Büffel	04. 02. 1985
09. 02. 1986	Tiger	04. 02. 1986
29. 01. 1987	Hase	04. 02. 1987
17. 02. 1988	Drache	04. 02. 1988
06. 02. 1989	Schlange	04. 02. 1989
27. 01. 1990	Pferd	04. 02. 1990
16. 02. 1991	Ziege	04. 02. 1991
04. 02. 1992	Affe	04. 02. 1992
23. 01. 1993	Hahn	04. 02. 1993
10. 02. 1994	Hund	04. 02. 1994
31. 01. 1995	Schwein	04. 02. 1995
19. 02. 1996	Ratte	04. 02. 1996